外教社公共外语系列

新公共法语
nouveau manuel de FRANÇAIS langue étrangère

语法自习自测
EXERCICES DE GRAMMAIRE

吴贤良

上海外语教育出版社
SHANGHAI FOREIGN LANGUAGE EDUCATION PRESS

图书在版编目（CIP）数据

新公共法语语法自习自测 / 吴贤良编著.
—上海：上海外语教育出版社，2011（2020重印）
外教社公共外语系列
ISBN 978-7-5446-2418-3

Ⅰ.①新… Ⅱ.①吴… Ⅲ.①法语－语法－习题集 Ⅳ.①H324-44

中国版本图书馆CIP数据核字（2011）第146782号

出版发行：**上海外语教育出版社**
（上海外国语大学内）　邮编：200083
电　　话：021-65425300（总机）
电子邮箱：bookinfo@sflep.com.cn
网　　址：http://www.sflep.com
责任编辑：任倬群

印　　刷：上海华教印务有限公司
开　　本：787×1092　1/16　印张 18　字数 375千字
版　　次：2011年10月第1版　2020年3月第7次印刷
印　　数：1 500 册

书　　号：ISBN 978-7-5446-2418-3 / H · 1117
定　　价：31.00 元

本版图书如有印装质量问题，可向本社调换
质量服务热线：4008-213-263　电子邮箱：editorial@sflep.com

编者的话

《语法自习自测》是一册与《新公共法语》配套的语法习题汇编，其主要对象为非法语专业学生、法语专业一、二年级学生以及法语自学者。

该习题汇编分为初级语法、中级语法和高级语法三个阶段，每个阶段的语法单元练习根据《新公共法语》教材各课的语法顺序进行编排，由浅入深，以点带面，难易结合，重点突出，循序渐进。各类语法练习将结构练习和综合技能训练结合在一起，对语法规则以习题形式加以归纳总结，充分体现其外部特征和内在规律。习题后的"难点解读"简明扼要、通俗易懂，对相关语法规则的难点及要点逐一进行分析、释疑、解读、归纳，使其更为透彻明了、更易掌握运用。

学生可以根据法语学习进程，结合每课语法内容，利用习题进行自习，参考"答案"加以自测，借助"难点解读"加深理解，从而消化吸收、掌握并熟练运用各类语法规则；我们也可以将习题汇编视作为一种系统复习所学语法知识的有效手段。

《语法自习自测》系统性强、覆盖面广，充分体现了语法规则在用词造句中的各种表达形式，具体反映出语法规则在实际运用中的各种细腻规律，且很大程度上兼顾到各类法语测试可能涉及的难点，具有较强的实际运用意义。

2011年5月
于上海外国语大学

目 录

初级法语·语法自习自测

单元 1	名词	2
单元 2	不定冠词和定冠词	6
单元 3	部分冠词	13
单元 4	品质形容词	18
单元 5	主有形容词	22
单元 6	指示形容词	24
单元 7	疑问形容词和感叹形容词	27
单元 8	最近将来时和最近过去时	30
单元 9	命令式	34
单元 10	副代词 y 和 en	36
单元 11	重读人称代词	40
单元 12	直接宾语人称代词	41
单元 13	间接宾语人称代词	42
单元 14	副词	45
单元 15	代词式动词	51
单元 16	国家、城市等名称前的介词	55
单元 17	两个名词间的介词 de	58
单元 18	与形容词配合的介词 à 和 de	62
单元 19	表示地点的介词	63
单元 20	表示时间的介词	67
单元 21	泛指形容词、泛指代词 tout	71
单元 22	过去分词	74
单元 23	复合过去时	76

· III ·

单元 24	复合过去时的性、数配合	79
单元 25	直接问句和间接问句	83
单元 26	及物动词与介词 à 和 de	86

中级法语·语法自习自测

单元 1	未完成过去时	90
单元 2	简单将来时	96
单元 3	先将来时	99
单元 4	过去最近将来时和过去最近过去时	102
单元 5	愈过去时	105
单元 6	基础时态综合	107
单元 7	关系代词 qui, que, où, dont	113
单元 8	不定式句	121
单元 9	形容词的比较级和最高级	125
单元 10	副词的比较级和最高级	128
单元 11	直接引语和间接引语	132
单元 12	被动态	135
单元 13	条件式现在时	139
单元 14	过去将来时	143
单元 15	指示代词、主有代词	146
单元 16	基础介词综合	151
单元 17	介词与动词	159
单元 18	介词与形容词	165

高级法语·语法自习自测

单元 1	泛指代词、泛指形容词	168
单元 2	条件式过去时	175
单元 3	过去先将来时	179
单元 4	简单过去时，先过去时	182
单元 5	现在分词	185
单元 6	副动词	187
单元 7	复合关系代词	190
单元 8	疑问代词、复合疑问代词	194

单元 9　虚拟式 197
单元 10　不定式 206
单元 11　复合过去分词 209
单元 12　独立分词从句 213
单元 13　无人称动词 216
单元 14　连词 218
单元 15　时间的表达 221
单元 16　目的的表达 222
单元 17　原因的表达 223
单元 18　结果的表达 225
单元 19　条件、假设的表达 226
单元 20　让步、对立的表达 228

习题参考答案

初级法语·语法自习自测 230
中级法语·语法自习自测 248
高级法语·语法自习自测 265

初级法语
语法自习自测
NIVEAU DÉBUTANT
EXERCICES DE GRAMMAIRE

单元 1 名词

1 将下列名词的阳性形式改成阴性形式：

1. le danseur →   le vendeur →   le travailleur →
2. le boulanger →   le cuisinier →   l'ouvrier →
3. le musicien →   le comédien →   le Parisien →
4. le sportif →   le veuf →   le juif →
5. le patron →   le Breton →   l'espion →
6. le lycéen →   le Coréen →   l'Européen →

难点解读

- 表示身份、职业等意义的名词，其阳性词尾转换成阴性词尾主要有这样几种形式：-eur → -euse, -er → -ère, -ien → ienne, -f → -ve, -on → -onne, -en → -enne。
- 以 -teur 结尾的阳性名词，其阴性词尾为 -trice，如 l'acteur → l'actrice, le directeur → la directrice, le présentateur → la présentatrice（le chanteur → la chanteuse, l'acheteur → l'acheteuse 等除外）。

2 找出阴性和阳性形式相同的名词：

1. Il est guide.   →   Elle est …
2. Il est paysan.   →   Elle est …

3. Il est pianiste. → Elle est …

4. Il est avocat. → Elle est …

5. Il est secrétaire. → Elle est …

6. Il est photographe. → Elle est …

7. Il est commerçant. → Elle est …

8. Il est employé. → Elle est …

9. Il est scientifique. → Elle est …

10. Il est moniteur. → Elle est …

难点解读

- 表示身份、职业等意义的名词，若以 -iste, -aire, -que, -e 等结尾，其阴性和阳性词形相同。
- 有些表示职业的名词，无阴性词形，如 le professeur, le facteur, le chauffeur, l'ingénieur, l'écrivain, le médecin, le peintre, l'architecte 等。

3 写出下列阳性名词的阴性词形：

1. un copain et une …
2. un époux et une …
3. un héros et une …
4. un hôte et une …
5. un homme et une …
6. un garçon et une …
7. une monsieur et une …
8. un mari et une …
9. un roi et une …
10. un jumeau et une …
11. un coq et une …
12. un tigre et une …

难点解读

- 有些阳性名词转换成阴性时，须在词根后加上特殊形式的词尾。
- 有些名词的阴性和阳性词形各不相同，靠我们熟记。

4 将下列单数名词改成复数形式：

1. le cours →   le mois →   le fils →

2. la croix →   le prix →   le riz →

3. le gâteau →   le tableau →   le bateau →

4. le cheveu →   le jeu →   le feu →

5. le journal →   l'hôpital →   l'animal →

6. le chou →   le bijou →   le genou →

> **难点解读**
> - 以 s, x, z 结尾的名词，单数和复数词形相同。
> - 以 eau, eu 结尾的单数名词，构成复数时词尾加 x。
> - 以 al 结尾的名词，构成复数时，将 al 改成 aux（bal, final, festival, carnaval 例外，变成复数时加 s）。
> - bijou, caillou, chou, genou, hibou, joujou, pou 变成复数时加 x。

5 在单数和复数词形相同的名词下划线：

1. bus - pois - finals
2. noix - roux - châteaux
3. nez - pays - chinois
4. bas - bals - ours
5. voix - époux - chevaux
6. os - sous - français
7. poids - mains - sœurs
8. bureaux - cailloux - souris

6 勾出通常用于复数或仅用复数的名词：

☐ les vacances   ☐ les pieds   ☐ les toilettes

☐ les parents   ☐ les gens   ☐ les légumes

☐ les vêtements   ☐ les bagages   ☐ les mathématiques

☐ les médicaments   ☐ les travaux   ☐ les fiançailles

7 将下列词组改成复数形式：

1. le cheval du général →
2. la voix du coucou →
3. le joujou dans le berceau →

4. l'avis du journal →

5. le succès du rival →

6. un mets sur un plateau →

7. le poids du métal →

8. un secours au malheureux →

8 将下列句中括号里的名词改成复数形式：

1. Il habite avec (un Français) et (un Espagnol).
2. Je vais chercher (un gâteau) et (un journal).
3. Il y a (un festival) de jazz dans le Sud ?
4. J'ai (un mal) d'estomac.
5. Elle aime (le jeu) de cartes.
6. Sophie a mal à (l'œil).
7. (Mademoiselle, madame, monsieur), suivez-moi, s'il vous plaît.
8. C'est toujours désagréable de trouver (un cheveu) dans (le plat).

单元 2

不定冠词和定冠词

9 用不定冠词填空，并分析该冠词在句中的不同功能：

1. Qu'est-ce que c'est, c'est _____ cadeau ?
2. Ce sont _____ exercices difficiles.
3. Je cherche _____ bon restaurant.
4. _____ facteur vient prendre le courrier.
5. Elles achètent _____ jouets pour les enfants.
6. Le soleil est très fort; j'ai besoin de _____ chapeau.
7. Tu veux _____ orange, _____ pomme ou _____ banane ?
8. C'est des soldes! Je vais acheter _____ pantalon, _____ pull et _____ chaussures.
9. Nous écoutons _____ vieux disque.
10. Ils regardent _____ album de photos.
11. Ce sont _____ Français ou _____ Suisses ?
12. Les Legrand ont _____ belle maison de campagne avec _____ immense jardin.
13. Vous prenez _____ dessert ? – Non, apportez-moi _____ café et l'addition.
14. Elle prend _____ sandwich dans le nouveau café près de chez elle.
15. Je voudrais _____ jus d'orange, s'il vous plaît.
16. Le matin, je bois _____ verre de lait.
17. Le professeur nous donne _____ bon conseil.
18. Des touristes admirent _____ paysage pittoresque.

19. Madame Leloup a _____ caractère difficile.
20. Je fais _____ progrès parce que j'ai _____ bon professeur et le temps de travailler.

> **难点解读**
> - 不定冠词表示不确指的人或物（题1、2、3、4等）。
> - 单数不定冠词具有数词含义（题7、8等）。
> - 不定冠词可以表示类别和品种（题11）。
> - 食物、饮料名称采用单数不定冠词时，意为"一份"、"一杯"（题13、14、15）。
> - 抽象名词若有形容词修饰，通常采用不定冠词（题17、18、19）。

10 用定冠词填空，并分析该冠词在句中的不同功能：

1. Prends _____ clef du bureau, _____ porte est fermée.
2. Mets _____ robe blanche, elle te va très bien !
3. Je te présente _____ amie de ma sœur.
4. Regarde par _____ fenêtre de _____ cuisine, je crois qu'il pleut.
5. Prenez _____ première rue à droite, vous trouverez _____ café de la gare.
6. _____ légumes sont bons pour _____ santé.
7. _____ banques sont fermées les samedis, dimanches et jours de fête.
8. _____ chien est le meilleur ami de _____ homme.
9. Vous préférez prendre _____ avion ?
10. Paul sait utiliser _____ four à micro-ondes.
11. On passe _____ week-end à la campagne ?
12. _____ publicités sont très nombreuses sur Europe 1.
13. _____ travail est un trésor.
14. _____ union fait _____ force.
15. Elle aime _____ mathématiques et _____ sciences.
16. Il adore _____ montagne, moi je préfère _____ mer.
17. _____ Dupont habitent dans un quartier riche.

18. À Paris, _____ stationnement est un problème permanent.

19. _____ production de cette année est meilleure.

20. _____ automne est une saison romantique.

> **难点解读**
> - 定冠词表示确指的人或物（题1、2、3、4等）。
> - 定冠词可用于表示总体概念的名词（题6、7、8等）和抽象名词（题13、14）。
> - aimer, adorer, préférer 等动词后接的名词通常用定冠词（题15、16）。
> - 复数定冠词用于姓氏前表示某姓一家（题17）。
> - 动名词，即源自动词的名词一般采用定冠词（题18、19）。

11 用缩合冠词或介词 à、de 加定冠词填空：

1. Tiens, voilà le chien _____ voisin.
2. Il cherche la clef _____ appartement.
3. La porte _____ toilettes est fermée.
4. La poste est juste à côté _____ boulangerie.
5. Les copies _____ élèves sont à corriger.
6. Ce soir, nous allons _____ cinéma.
7. Il habite _____ premier étage.
8. J'ai envie de manger _____ restaurant ce soir, pas toi ?
9. Tu vas _____ boulangerie, et moi, je vais _____ bureau de poste.
10. Ce soir, Marc va _____ opéra pour la première fois.
11. Ces touristes viennent _____ Canada.
12. Il sort _____ salle de jeux.
13. Fais attention _____ voitures !
14. Le présentateur parle _____ émission d'hier.
15. Nous pensons souvent _____ vacances de l'année prochaine.
16. L'hôtesse d'accueil répond _____ visiteur.
17. Si tu as peur _____ avion, prends le train !
18. Je m'occupe _____ courses et toi, tu t'occupes _____ repas, d'accord ?
19. Je suis seule _____ maison : maman est _____ bureau, papa est _____

café, mamie est _____ église, mon grand frère est _____ université, et mon petit frère est _____ crèche.

20. Je vais _____ lycée en bus. À midi, je mange _____ cantine avec mes copains. Souvent, nous parlons _____ professeurs, _____ cours, _____ emploi du temps, mais aussi _____ vacances !

> **难点解读**
> - 缩合冠词由介词 de, à 加定冠词 le, les 构成（题 1、3、6、13 等）。
> - 定冠词 le 若遇上以元音字母或哑音 h 开始的阳性名词，会发生省音现象，如 l'appartement，因此，介词 de, à 和 le 不构成缩合冠词（题 2、10 等）。
> - 缩合冠词可以引出名词补语（题 1、3 等）、地点状语（题 6、7 等）以及间接宾语（题 14、15 等）。

12 用定冠词或不定冠词填空：

1. Cette statue est _____ œuvre remarquable.
2. Ce soir, il y a _____ émission intéressante à la télévision.
3. Zut ! _____ lavabo de la salle de bains est encore bouché !
4. Va chercher _____ billets, je garde _____ valises.
5. J'aime beaucoup les animaux. Chez moi, j'ai _____ poissons rouges, _____ chien et _____ souris.
6. Cette statue représente _____ personnage célèbre.
7. _____ touristes font toujours la queue en bas de la tour Eiffel.
8. Cette fenêtre ferme mal, l'air entre dans _____ pièce.
9. Tiens, je t'apporte _____ souvenir de Paris.
10. Il faut changer _____ bouteille de gaz, elle est presque vide.
11. Ce n'est pas _____ entreprise française, c'est _____ société internationale.
12. Attention ! Ton fer est trop chaud, tu vas brûler _____ chemise.
13. _____ fourchette se met à gauche de l'assiette, _____ couteau et _____ cuiller à droite.
14. Paul a toujours de petits objets dans sa poche : _____ billes, _____ clés, _____ stylo, etc.

15. Marie adore _____ chansons sentimentales.
16. Elle déteste _____ froid et _____ montagne en hiver.
17. En France, le 14 juillet, c'est _____ fête nationale.
18. Je prends _____ bus et puis _____ métro pour aller à mon travail.
19. Qu'est-ce que vous préférez ? _____ lecture ou _____ télévision ?
20. Pour le 14 juillet, on organise _____ immense feu d'artifice à la Défense.

13 填写合适的冠词，如无须冠词，则画斜线：

1. Normalement, _____ magasins ouvrent à 9 heures du matin.
2. Le mercredi, il y a des émissions pour _____ jeunes.
3. Vous avez une chambre ? – Non Monsieur, _____ hôtel est complet. Vous avez _____ hôtel confortable en face.
4. Citroën est _____ marque de voiture française.
5. Le blé et le vin sont _____ produits agricoles.
6. Ce produit colle _____ papier, _____ bois, mais pas _____ fer.
7. L'enfant ne mange pas de _____ légumes. Que faire ?
8. M. Dupont est _____ Français, mais sa femme est _____ Chinoise.
9. Paul a une belle situation, il est _____ directeur d'une banque.
10. Tu as faim ? Mange _____ morceau de pain avec du beurre.
11. Qu'est-ce que vous prendrez comme dessert, _____ glace ou des fruits ?
12. Le cours de _____ histoire n'est pas intéressant du tout.
13. Le bureau de _____ professeurs est au bout du couloir.
14. Il y a une carte de _____ France sur le mur.
15. La vieille dame demande une tasse de _____ thé.
16. Je voudrais deux kilos de _____ pommes, s'il vous plaît.
17. Quatre heures de _____ marche fatiguent tout le monde.
18. Combien de temps durera la construction de _____ immeuble ?
19. Les bouteilles sont récupérées pour la fabrication de _____ verre.
20. _____ amitié et _____ amour sont des sentiments très forts.

难点解读

- 否定句中介词 de 替代直接宾语前的不定冠词或部分冠词，表示完全否定（题 7）。
- 名词用作表语，表示身份、职业、国籍时可省略冠词（题 8、9）。
- 由介词 de 引导的名词补语，起修饰作用时不用冠词（题 12），表示所属关系时则用定冠词（题 13）。
- 阴性或元音字母起始的国名前有介词 de 时，可省略冠词（题 14）。
- 由介词 de 连接的两个名词，若第一个名词表示容量、重量或时间，则第二个名词不用冠词（题 15、16、17）。
- 由介词 de 连接的两个名词，若第一个名词为动名词，则第二个名词通常采用冠词（题 18、19）。

14 用合适的冠词填空，并注意其中的一些特殊用法：

1. La Normandie est _____ pays d'élevage.
2. On va voir _____ ballet à l'Opéra de Paris.
3. Il y a _____ trentaine de personnes à la réunion.
4. Et maintenant, vous allez entendre _____ des œuvres de Bach.
5. Combien coûtent ces salades ? – 0,4 € _____ pièce.
6. Le directeur partira _____ 13 septembre.
7. _____ France a des frontières avec _____ Belgique, _____ Allemagne, _____ Suisse, _____ Italie, _____ Espagne.
8. Ce café a _____ drôle de goût. Quelle est la marque ?
9. Pierre est ingénieur, il travaille dans _____ industrie chimique.
10. Les Dupont ont installé _____ chauffage dans leur maison de campagne.
11. En France, la plupart des magasins sont-ils fermés _____ dimanche ?
12. _____ Anglais boivent beaucoup de thé.
13. Les chaussures de _____ petite Marie sont très jolies.
14. Alors, que décides-tu pour ta jupe, tu prends _____ courte ou _____ longue ?
15. Tu dois avoir de la fièvre, tu as _____ front brûlant.
16. C'est de _____ eau potable, vous pouvez la boire.

17. Ces ouvriers travaillent avec _____ grande attention.
18. Je t'assure que ce n'est pas de _____ plastique, c'est de _____ cuir.
19. Il y a _____ métro toutes les cinq minutes.
20. J'aime beaucoup _____ Monet.

难点解读

- trentaine 是集合名词，这类词表示一个概数，前面用不定冠词（题3）。
- un / une de … 意为"其中之一"（题4）。
- 定冠词可用于表示价格单位的名词前（题5）。
- 日期前用定冠词（题6）。
- 国名和五大洲名称前用定冠词（题7）。
- un / une drôle de + 名词，意为"一个奇特的……"、"一种古怪的……"（题8）。
- 星期名称前加定冠词，表示每星期的意思（题11）。
- 人名等专有名词有形容词修饰时，采用定冠词（题13）。
- 冠词和形容词搭配使用，可指代上文提及的名词（题14）。
- 人体部位名称若有形容词修饰，则常常采用定冠词（题15）。
- c'est 后接介词 de，引出带定冠词的名词，表示该物质的属性（题16、18）。
- 作家、艺术家名字前加定冠词 les，指他们的全部作品（题20）。

单元 3

部分冠词

15 用部分冠词填空：

1. Tu veux _____ thé ou _____ café ?
2. Y a-t-il _____ eau minérale ?
3. Il a l'habitude de boire _____ alcool.
4. Il faut acheter _____ viande et _____ salade pour ce soir.
5. On peut manger _____ fromage avec _____ pain.
6. Il faut ajouter _____ sel dans la soupe.
7. Je viens d'acheter _____ fruits et _____ légumes.
8. Les enfants mangent _____ croissants avec _____ confiture.
9. Au dessert, il y a _____ gâteaux.
10. Je prends _____ œufs à la mayonnaise.
11. Nous allons manger _____ fruits de mer.
12. Ils commandent _____ crudités et _____ poulet.
13. Voulez-vous une bière ? – Non, je préfère un verre d'eau avec _____ sirop de menthe et _____ glace.
14. C'est vrai qu'on mange _____ canard aux petits poids à midi ?
15. Son mari a perdu sa place, il cherche _____ travail.
16. Tu devrais mettre _____ crème solaire.
17. Je peux te prêter _____ argent.
18. Pour moi, une bonne soirée, c'est _____ musique, _____ vin, _____ pâtes, des amis et pas de moustiques.

19. Tu fais _____ jogging ? – Non, je ne fais pas de jogging, mais je fais _____ gymnastique.

20. Pour être heureux en couple, il faut _____ tolérance, beaucoup de patience, pas de mépris, pas trop de jalousie, _____ humour et surtout _____ amour.

> **难点解读**
>
> - 部分冠词通常用于作宾语的食物类名词前。单数部分冠词一般用于饮料和酒类、半固体食物（奶酪果酱类）、主食（米饭面包类）和鱼肉类等名词前（题1、2、3、4、5等）；复数部分冠词一般用于蔬菜和水果类等名词（题7）。
> - 可数的食物名词一般采用复数部分冠词（题8、9、10等）。
> - 部分冠词也可用于抽象名词前，多见于单数形式（题15、17等）。
> - 动词 faire 后接带部分冠词的名词，意为"从事"、"进行"某项活动，多见于体育运动（题19）。

16 用部分冠词填写短文：

Le matin, je mange _____ pain avec _____ beurre et _____ confiture. Mon mari boit _____ café et mange _____ fromage ! Ma fille mange seulement _____ biscuits. À midi, nous mangeons _____ poisson ou _____ viande avec _____ légumes et _____ fruits. Je bois _____ vin, mon mari boit _____ eau et ma fille boit _____ Coca. Le soir, nous mangeons _____ riz, _____ pâtes ou _____ soupe. Ma fille mange _____ frites ou _____ crêpes avec _____ chocolat et _____ bananes. D'après elle, il y a _____ magnésium dans le chocolat, _____ calcium dans les crêpes et _____ potassium dans les bananes : ça donne _____ force et _____ tonus (mais aussi _____ kilos !).

17 用定冠词、不定冠词或部分冠词填空：

1. Ce soir, on mange _____ nouilles avec le rôti.
2. Avec le poisson, il vaut mieux prendre _____ vin blanc.

3. Nous avons _____ problèmes dans notre travail.

4. Au repas, il y a _____ viande, _____ légumes, _____ salade, _____ fromage et _____ fruits.

5. _____ soupe est piquante, tu en prends un peu ?

6. Pour faire _____ gâteau préféré de Pierre, sa mère achète _____ farine, _____ œufs et _____ sucre.

7. Au petit déjeuner, tu préfères _____ thé ou _____ café ? – Je prends _____ café, _____ jus d'orange et _____ tartines beurrées avec _____ confiture.

8. Tu aimes _____ musique ? – Oui, j'adore _____ rock, _____ musique classique et _____ opéra.

9. Pour faire cette crème, il faut mélanger un jaune d'œuf avec _____ sucre et _____ lait.

10. Plus tard, j'aimerais avoir _____ enfants, _____ travail et _____ argent.

11. On demande _____ personne jeune et dynamique pour cet emploi.

12. _____ pommes sont très bonnes chez le marchand de fruits.

13. À l'épicerie, je voudrais _____ pâtes, _____ vin, _____ bière, _____ fromage, _____ café, _____ boîte de thon et _____ litre de lait.

14. Sophie n'est pas très belle, mais elle a _____ charme.

15. Il y a _____ monde au Bund !

16. Paul a _____ fièvre, son père va chercher _____ médicaments.

17. Avec _____ patience, vous arriverez au succès.

18. La bière et le vin contiennent _____ alcool.

19. Il y a _____ brouillard; on ne voit pas le sommet des montagnes.

20. _____ temps est terrible aujourd'hui : il y a _____ vent et _____ pluie. En plus, _____ vent est violent et _____ pluie est glacée.

> **难点解读**
>
> ○ 复数部分冠词与复数不定冠词词形相同，用于食物类名词前为部分冠词（题1），用于其他名词前通常为不定冠词（题3）。

- 食物类名词用作主语，一般采用定冠词（题5、12）。
- 表示容量和重量的名词采用单数不定冠词，可视为数词（题13）。
- 表示气候现象的名词用作宾语时，采用部分冠词（题19、20）。

18 用定冠词、不定冠词、部分冠词、缩合冠词或介词 à 加定冠词填写下列短文：

Aujourd'hui, Michel va avoir _____ longue journée. _____ matin, il doit aller chez _____ médecin, car il a _____ fièvre. Ensuite, il va aller _____ bibliothèque pour rapporter _____ livres. À midi, il a rendez-vous avec _____ collègue _____ restaurant. _____ après-midi, il doit retirer _____ argent _____ banque et faire _____ courses _____ boucherie, _____ boulangerie et _____ supermarché. Il a besoin d'acheter _____ viande, _____ pain, _____ eau et _____ légumes. Dans _____ soirée, il ira _____ aéroport chercher _____ amie, Marina. _____ soir, Michel et son amie sont invités chez _____ parents de Michel pour fêter _____ retour de Marina. Pas de doute, Michel sera ensuite content d'aller _____ lit.

19 用定冠词、不定冠词、部分冠词或介词 de 填空：

1. Y a-t-il _____ soupe au dîner ?
2. _____ lait est nécessaire pour _____ enfants.
3. Tu manges beaucoup _____ gâteau ? – Non, je mange très peu _____ gâteau.
4. Pierre veut _____ frites, il y en a encore dans la cuisine ?
5. Elle a _____ argent ? – Oui, elle a un peu _____ argent.
6. Tu détestes _____ viande ? – Oui, et je ne mange jamais _____ viande.
7. Mon père ne fume jamais _____ cigarettes.
8. Il faut manger _____ fruit par jour.
9. Garçon, _____ bière, s'il vous plaît.
10. Ne prenez pas _____ café avant de vous coucher.

11. Ce n'est pas _____ idée de Paul.
12. Il n'y a pas _____ cinéma dans mon village.
13. Il fait souvent _____ sport parce qu'il aime beaucoup _____ sport.
14. Je voudrais un litre _____ lait et une bouteille _____ bière.
15. Bonjour, Madame, _____ kilo d'oranges, s'il vous plaît.
16. On peut trouver _____ jolis jardins dans ce quartier.
17. Tu fais _____ voyage cet été ? – Non, je n'ai pas _____ argent, alors je ne prends pas _____ vacances cette année.
18. Vous avez encore de la fièvre, vous avez pris _____ médicaments ?
19. Cet enfant a _____ intelligence.
20. Tu aimes _____ soleil ? – Oh oui ! Quand il y a _____ soleil, je me sens en pleine forme !

难点解读

- 数量副词 beaucoup, un peu, peu, assez, trop 后接由介词 de 引出的不带冠词的名词（题 3、5）。
- 副词 beaucoup 修饰 aimer，因此，aimer beaucoup 后接名词仍用定冠词（题 13）。
- 复数形容词前用介词 de 取代不定冠词 des（题 16）。

单元 4

品质形容词

20 用形容词的阴性词形填空：

1. un pull bleu et une veste _____
2. un dictionnaire français et la littérature _____
3. un exercice difficile et une leçon _____
4. un touriste étranger et une langue _____
5. un virage dangereux et une route _____
6. un château ancien et une église _____
7. un vendeur travailleur et une vendeuse _____
8. un document secret et une réunion _____
9. un centre culturel et une activité _____
10. un garçon sportif et une fille _____
11. un homme gros et une femme _____
12. un manteau long et une jupe _____
13. un chapeau blanc et une robe _____
14. un jardin public et une école _____
15. un mari jaloux et une femme _____
16. un fruit sec et une saison _____
17. un poisson frais et une bière _____
18. un test idiot et une réponse _____
19. un beau garçon et une _____ fille
20. un vieux monsieur et une _____ dame

难点解读

- 形容词的阴性词形，通常在阳性词形后加 e 构成（题 1、2）；以 e 结尾的形容词，其阴性词形不变（题 3）。
- 少数形容词阳性变阴性时有其特殊规则，常见的有 -er → -ère，-eux → -euse，-ien → -ienne，-eur → -euse，-et → ète，-el → -elle，-f → -ve 等（题 4、5、6 等）。
- 个别形容词的阳性和阴性有其特殊的词形（题 11、12、13 等）。

21 将形容词填入正确位置并进行阴、阳性配合：

1. Michel parle avec une _____ fille _____. (beau)
2. Achète de la _____ crème _____. (frais)
3. Vous aimez les _____ films _____ en noir et blanc ? (vieux)
4. Un _____ monsieur _____ est penché à sa fenêtre. (élégant)
5. Elle met sa _____ robe _____ pour aller au bal. (blanc)
6. Sur le mur, il y a une _____ affiche _____. (grand)
7. Pierre aime la _____ bière _____. (léger)
8. Nous descendons toujours dans un _____ hôtel _____. (beau)
9. Les Dupont ont un _____ appartement _____. (nouveau)
10. Elle habite dans un _____ immeuble _____. (vieux)
11. C'est un _____ professeur _____. (jeune / amusant)
12. J'ai une _____ voiture _____. (vieux / blanc)
13. Ce client veut une _____ table _____. (rond / joli)
14. Sophie a un _____ poisson _____. (gros / rouge)
15. Balzac est un _____ écrivain _____. (grand / français)
16. Mes parents connaissent un _____ restaurant _____. (bon / parisien)
17. Mon frère travaille dans un _____ quartier _____. (beau / bourgeois)
18. Au milieu, sur une _____ table _____, on voit des magazines. (rond / petit)
19. Il y a un _____ homme _____ dans la salle. (fatigué / vieux)
20. La femme porte un _____ manteau _____. (noir / long)

> **难点解读**
>
> - 作形容语的形容词一般放在名词后面，但 grand, petit, bon, mauvais, jeune, vieux, beau, joli, haut 等形容词则放在名词前（题 1、3、6 等）。
> - 形容词 beau, nouveau, vieux 在以元音字母或哑音 h 开始的阳性名词前，因读音关系，须分别改为 bel, nouvel, vieil（题 8、9、10）。

22 将下列词组改成复数形式：

1. une table carrée → des tables …
2. un tableau magnifique → des tableaux …
3. un jardin français → des jardins …
4. un mur épais → des murs …
5. un bijou précieux → des bijoux …
6. un hôtel luxueux → des hôtels …
7. un mot amical → des mots …
8. un tableau original → des tableaux …
9. un gros livre → de …… livres
10. un long voyage → de …… voyages
11. le nouveau journal → les …… journaux
12. le vieux professeur → les …… professeurs
13. un beau vitrail → de …… vitraux
14. un grand appartement → de …… appartements
15. une spécialité régionale → des spécialités …
16. une pierre précieuse → des pierres …
17. un pull marron → des pulls …
18. un chemisier orange → des chemisiers …
19. un rideau vert clair → des rideaux …
20. un manteau brun foncé → des manteaux …

> **难点解读**
>
> - 形容词单数词形后加 s 构成复数（题 1、2）；以 s 或 x 结尾的形容词，构成复数时词形不变（题 3、4、5、6）。

- 以 -al 结尾的形容词，将 -al 改成 -aux 构成复数词形（题 7、8）；以 -eau 结尾的形容词，加 x 构成复数词形（题 11、13）。
- 少数普通名词用来表示颜色时，虽起形容词作用，但无性、数变化（题 17、18）。
- 表示颜色的形容词与表示深浅的形容词构成复合形容词时，无性、数变化（题 19、20）。

23 将括号内的形容词进行必要的性、数配合：

1. Regarde ces (beau) cadeaux !
2. On va visiter des hôpitaux (moderne).
3. Julie est (amoureux) de son voisin.
4. La mer et le ciel sont (bleu).
5. Les prix sont (normal).
6. Marianne et Sophie sont (sentimental).
7. Ma (meilleur) amie travaille dans le (nouveau) aéroport.
8. Léa est mince mais Anne est (gros).
9. Mme Dupont est (inquiet), car les rues de la ville sont (dangereux).
10. Les (principal) musées sont fermés le mardi.
11. Le mannequin porte des bijoux (précieux) sur un manteau très (original).
12. Les touristes (étranger) achètent de (beau) souvenirs.
13. Hélène et Sophie sont (brun) et ont la peau très (blanc).
14. Les filles des voisins sont toujours (gai), (gentil) et (amusant).
15. Les enfants sont (heureux) d'avoir de (nouveau) jouets.
16. J'adore les Jeux (international) d'athlétisme.
17. Pierre a les yeux (marron).
18. Les rideaux du salon sont (vert pomme).
19. Les enfants écoutent des disques (amusant) et regardent des livres (illustré).
20. Les services (social) s'occupent de ce (vieux) homme (malade).

单元 5

主有形容词

24 用主有形容词填空：

1. Le dictionnaire est à moi.   C'est _____ dictionnaire.
2. La mobylette est à moi.   C'est _____ mobylette.
3. Le portable est à toi ?   C'est _____ portable ?
4. La voiture est à toi ?   C'est _____ voiture ?
5. Le sac est à Marianne.   C'est _____ sac.
6. La valise est à M. Dupont.   C'est _____ valise.
7. L'ordinateur est à nous.   C'est _____ ordinateur.
8. La malle est à nous.   C'est _____ malle.
9. Les livres sont à moi.   Ce sont _____ livres.
10. Les timbres sont à toi ?   Ce sont _____ timbres ?
11. Les magazines sont à nous.   Ce sont _____ magazines.
12. Les cahiers sont à vous ?   Ce sont _____ cahiers ?
13. La maison est à M. et Mme Dupuis.   C'est _____ maison.
14. Les bagages sont à M. et Mme Durand.   Ce sont _____ bagages.
15. Le parapluie est à vous, Monsieur ?   C'est _____ parapluie, Monsieur ?
16. La voiture est à vous, Monsieur ?   C'est _____ voiture, Monsieur ?
17. C'est l'assistante du directeur.   C'est _____ assistante.
18. C'est l'amie de Michel.   C'est _____ amie.
19. Ce sont les amies de Pierre.   Ce sont _____ amies.
20. C'est l'appartement de M. et Mme Roche.   C'est _____ appartement.

难点解读

- 主有形容词的性、数与所限定的名词的性、数须保持一致，而与所有者的性别无关（题6、7、13、14等）。
- 在以元音字母或哑音h开头的阴性名词前，因读音关系，ma, ta, sa须改成mon, ton, son（题17、18）。

25 用主有形容词填写下列句子：

1. Je viens chez toi demain soir. Je connais _____ adresse.

2. Monsieur, _____ papiers, s'il vous plaît.

3. Tu peux me rendre _____ disques ? – _____ disques ? Quels disques ?

4. Quand je pars à l'étranger, je prends _____ portable, _____ ordinateur, _____ papiers et _____ affaires.

5. J'aime bien ce présentateur, _____ voix est agréable, _____ émission me plaît et je trouve que _____ invités sont intéressants.

6. Marco et Sophie se disputent encore ! – C'est _____ problème; moi, j'en ai assez de _____ histoire !

7. Léa est mariée, elle a deux enfants. _____ mari travaille dans une banque. _____ fille a dix ans, _____ fils a huit ans. _____ deux enfants adorent le sport.

8. Michel, avant de partir, laisse-moi _____ nouvelle adresse, _____ numéro de téléphone et _____ e-mail, et n'oublie pas _____ clés sur la cheminée.

9. Quand nous voyageons, nous n'avons pas besoin d'aller à l'hôtel : _____ fils et _____ belle-fille habitent à Marseille, _____ fille vit seule dans un appartement à Lille, _____ amis sont à Chamonix et _____ cousins habitent à Strasbourg !

10. Elle adore les grandes marques : _____ parfum, c'est Dior, _____ chaussures, c'est Jourdan, _____ vêtements, c'est Chanel et _____ sac, c'est Vuitton !

单元 6

指示形容词

26 用指示形容词填空：

1. À qui est _____ sac ?
2. Elle ne comprend pas _____ question.
3. Je connais bien _____ garçon et _____ fille.
4. _____ avion arrive de Tokyo.
5. Vous allez dans les Alpes _____ hiver ?
6. Pierre et moi, nous allons au cinéma _____ soir.
7. Le mois de juin est très chaud _____ année.
8. Tous _____ hôtels sont complets pour l'instant.
9. Attention, _____ billets de banque sont faux.
10. J'habite dans _____ quartier depuis longtemps.
11. _____ appareil est garanti un an.
12. C'est combien, _____ pommes ?
13. Vous n'aimez pas _____ genre de maison ?
14. _____ odeur de tabac est vraiment insupportable.
15. Regarde, c'est joli, _____ arbres, le long de la route.
16. _____ autoroute va à Marseille.
17. Il fait froid dans _____ maison.
18. Qu'est-ce qu'on fait _____ après-midi ?
19. Pour aller à la poste, prenez _____ rue, et puis tournez à droite.
20. Regarde comme c'est beau, Paris la nuit, avec toutes _____ lumières !

> **难点解读**
>
> - 指示形容词须与所限定的名词的性、数保持一致。
> - cet 用于以元音字母或哑音 h 开头的阳性单数名词前（题 4、5 等）。

27　用指示形容词或定冠词填写下列各句：

1. _____ voitures sont mal garées.
2. _____ musée est ouvert tous les jours sauf _____ mardi.
3. Ne bois pas _____ bière, elle est dégoûtante !
4. Tu trouves que _____ robe me va bien ?
5. _____ hôtel offre un service de garderie pour _____ enfants.
6. Souvent, _____ soir, ils vont au cinéma ; mais _____ soir, ils sont invités chez des amis.
7. Voulez-vous encore un peu de _____ gâteau ?
8. C'est la troisième fois qu'il passe son permis de conduire ; j'espère que _____ fois, il va l'avoir !
9. Regarde _____ homme-là ! – Lequel ? _____ brun ou _____ blond ?
10. _____ Français boivent beaucoup de vin.
11. _____ été, ils vont dans la région d'Avignon et _____ été prochain, ils iront sur la Côte d'Azur.
12. Je mange avec Laurent à _____ cantine. – Je ne connais pas _____ garçon ; c'est un nouveau copain ?
13. Occupe-toi de ton chat ; j'en ai assez de _____ animal !
14. Prends _____ ascenseur, moi, je prends celui-là.
15. _____ grand avion est plus sûr que _____ petit avion.
16. _____ adresse est incomplète.
17. Certains sports ne conviennent pas à _____ enfants.
18. J'adore _____ musique et _____ peinture.
19. _____ pêches ne sont pas assez mûres.
20. On prend _____ bus ou _____ métro ?

28 用定冠词、不定冠词、部分冠词、指示形容词或主有形容词填写以下对话：

— Françoise, nous venons de déménager ; _____ nouvel appartement est assez grand et nous allons organiser _____ petite fête avec _____ amis.

— Voilà _____ excellente idée ! Est-ce que tu invites aussi _____ sœur ?

— Bien sûr ! J'invite aussi _____ parents et _____ parents de Laurent.

— Quand pensez-vous faire _____ fête ?

— À _____ fin d'octobre, peut-être _____ 26, ça tombe _____ samedi.

— C'est très bien pour moi ! Tu sais, j'ai _____ nouveau copain ; tu l'invites aussi ?

— J'imagine que c'est _____ charmant garçon et qu'il a beaucoup de qualités ! Évidemment, viens avec _____ ami. Alors je vais envoyer _____ cartons d'invitation. Je vais commencer _____ soir.

— N'oublie pas de donner _____ indications pour venir chez vous ainsi que _____ numéro de téléphone.

— Tu as raison. Je vais aller _____ après-midi à _____ librairie pour choisir _____ cartons d'invitation. Je te laisse car j'ai _____ rendez-vous chez _____ dentiste à onze heures. À bientôt.

— À très bientôt !

单元 7

疑问形容词和感叹形容词

29　用疑问形容词填空：

1. _____ âge as-tu ?
2. _____ est votre profession ?
3. _____ est ton numéro de téléphone ?
4. _____ sont tes impressions après la visite du Louvre ?
5. _____ sont les plats que vous préférez ?
6. _____ sont les spécialités du restaurant ?
7. À _____ étage habitez-vous ?
8. À _____ heure vont-ils arriver ?
9. Je ne sais pas _____ langue étrangère elle veut apprendre.
10. Je voudrais savoir _____ sont vos projets pour l'année prochaine.

难点解读

- 疑问形容词 quel 可用于直接问句（题 1、2 等）和间接问句（题 9、10），其性、数须与所修饰的名词的性、数保持一致。
- 疑问形容词 quel 可放在名词前作定语（题 7、8 等）或放在 être 前作表语（题 3、4 等）。

30　用感叹形容词填空：

1. _____ beau paysage !

2. _____ jolie maison !
3. _____ horreur !
4. _____ gâteaux succulents !
5. _____ arbre gigantesque !
6. _____ belle vue on a de la tour Eiffel !
7. _____ jolis timbres tu collectionnes !
8. Mais _____ temps ! Il n'arrête pas de pleuvoir.
9. _____ bonheur de te retrouver en pleine forme !
10. _____ chance tu as de partir ce soir !

难点解读

- 感叹形容词放在名词前以构成感叹句，意为"多么"；名词可以有形容词修饰，也可以无形容词修饰（题1、2、3等）。
- 感叹形容词和名词构成的感叹句后可接一个主语和谓语（题6、7等）。

31 用疑问形容词或感叹形容词填写下列各句：

1. _____ est votre note en français ?
2. Bon alors, _____ sont les règles du jeu ?
3. _____ langue parlez-vous ? – L'anglais surtout, un peu l'allemand.
4. _____ disque voulez-vous écouter ?
5. _____ beau paysage !
6. Oh ! _____ joie de vous rencontrer !
7. _____ belle maison vous avez !
8. _____ est la cause de cet accident de voiture ?
9. _____ est le résultat de votre entretien ?
10. Vous voulez essayer cette robe ? _____ taille faites-vous ?
11. _____ est votre position sur le divorce ?
12. _____ sont les difficultés dans tes études ?
13. Dans _____ ville habitez-vous ?
14. _____ beaux souvenirs de Paris !
15. _____ bonne mine ! Tu as les joues toutes roses.

16. Pardon, Monsieur l'Agent, _____ est la direction de Paris ?
17. _____ est la dernière limite pour s'inscrire ? – Jeudi, à 18 heures.
18. Bonjour Madame, _____ est la date limitée pour payer les impôts ?
19. _____ est cet acteur de cinéma ? Je ne me souviens plus de son nom.
20. Je ne sais pas _____ route on va prendre.

单元 8

最近将来时和最近过去时

32 将下列句子中的时态改成最近将来时：

1. Je te rappelle ce soir.
   → Je …

2. Tu loges à la cité universitaire ?
   → Tu …

3. On part demain matin à cinq heures.
   → On …

4. Nous organisons une fête le week-end.
   → Nous …

5. Vous achetez un appartement ?
   → Vous …

6. Ils prennent le train de huit heures.
   → Ils …

7. Je réponds au téléphone.
   → Je …

8. On mange dans un restaurant français.
   → On …

9. L'avion arrive à 20 heures.
   → L'avion …

10. Les enfants jouent dans le jardin.
    → Les enfants …

11. Nous louons une voiture pour la promenade.

    → Nous …

12. Le match commence dans quelques minutes.

    → Le match …

13. Je demande l'heure au marchand de journaux.

    → Je …

14. Elle porte des livres à la bibliothèque.

    → Elle …

15. Tu téléphones à la gare pour l'heure du train.

    → Tu …

难点解读

- 最近将来时表示即将发生的动作，其时间节点离现在相对较近，常见于口语（题1、2、3等）。
- 最近将来时有时也具有"去做……"的含义（题13、14等）。
- 最近将来时可代替命令式，表示建议和命令，使语气婉转（题15）。

33 将下列句子中的时态改成最近过去时：

1. Je reçois un message.

    → Je …

2. On dit que tu passes le permis de conduire.

    → On dit que tu …

3. Le train entre en gare.

    → Le train …

4. Nous finissons notre travail.

    → Nous …

5. Ils passent leur examen.

    → Ils …

6. Je rencontre Michel dans le métro.

    → Je …

7. Mon copain achète un portable très moderne.

    → Mon copain …

8. M. et Mme Durand vendent leur vieille auto.

→ M. et Mme Durand …

9. Sophie rentre de la Sorbonne.

→ Sophie …

10. Les Dupont s'installent dans la banlieue parisienne.

→ Les Dupont …

11. La police arrête quelques suspects.

→ La police …

12. Nous trouvons un logement.

→ Nous …

13. Nous, on arrive à l'aéroport.

→ Nous, on …

14. Le mécanicien répare la voiture.

→ Le mécanicien …

15. L'avion pour Londres part.

→ L'avion pour Londres …

难点解读

- 最近过去时表示不久前刚发生的动作，具有"刚"的含义。
- 最近过去时通常不带有时间状语。

34 用最近将来时还是最近过去时？

1. Je _____ lui téléphoner ce soir.

2. Tu es prête ? Ton professeur de piano _____ arriver.

3. Le facteur _____ passer, il y a une lettre pour toi.

4. Quand est-ce que vous _____ visiter l'exposition de peinture ?

5. Il arrive trop tard, l'avion _____ partir.

6. Nous sommes à l'aéroport, notre avion _____ arriver dans cinq minutes.

7. J'espère que vous _____ réussir au concours.

8. Un accident _____ se passer sur l'autoroute A 9.

9. Le directeur _____ être absent pour huit jours.

10. Regarde des nuages noirs, il _____ pleuvoir.
11. J'ai mal à la tête, je _____ voir le médecin.
12. Il arrive en retard. Heureusement, le film _____ commencer.
13. La salle est très propre : on _____ la nettoyer.
14. Pars devant, je _____ te rejoindre à Paris.
15. La route est glissante : il _____ pleuvoir.

单元 9 命令式

35 按照例句改成命令式：

1. parler plus fort (vous).
   → Parlez plus fort.
2. manger des légumes (tu).
   →
3. prendre votre temps (vous).
   →
4. conserver votre ticket de caisse (vous).
   →
5. boire plus d'eau (nous).
   →
6. dormir huit heures par nuit (tu).
   →
7. faire attention à la marche (vous).
   →
8. changer la roue arrière (nous).
   →
9. emprunter le passage souterrain (vous).
   →
10. ouvrir la fenêtre (tu).
    →
11. aller dans le jardin cueillir quelques fleurs (tu).
    →

12. aller y (tu).
    →

13. vouloir s'asseoir (vous).
    →

14. être tranquille (tu).
    →

15. ne pas avoir peur (vous).
    →

> **难点解读**
>
> ○ 第一组动词第二人称单数的命令式须去掉词末 s（题2）。
> ○ 动词 aller, ouvrir 第二人称单数的命令式也须去掉词末 s（题10、11）；若后接副代词 y，因读音关系则保留 s（题12）。
> ○ 动词 vouloir 的命令式为 veuille, veuillons, veuillez（题13）；être 的命令式为 sois, soyons, soyez（题14）；avoir 的命令式为 aie, ayons, ayez（题15）。

36 将括号内的动词不定式改成命令式：

1. (regarder) _____ de loin, ne t'approche pas, c'est dangereux.
2. Chut ! (parler) _____ doucement, les enfants dorment.
3. Prenez une feuille et un stylo, et (écrire) _____ .
4. (aller) _____ dans ce restaurant ; on y mange très bien.
5. (ne pas rester) _____ debout, asseyez-vous.
6. (fermer) _____ la porte, s'il te plaît, il y a un courant d'air.
7. (dire) _____ donc, tu viens ou tu ne viens pas ?
8. La ligne est occupée, (vouloir) _____ rappeler plus tard.
9. (ne pas passer) _____ ton temps devant la glace !
10. (être) _____ le bienvenu !
11. (attendre) _____ un moment, j'ai à te parler.
12. (ne pas bouger) _____ tout le temps sur ta chaise !
13. (avoir) _____ pitié d'un pauvre aveugle !
14. (poser) _____ ce vase doucement, il est très fragile.
15. (s'asseoir) _____ ; non, pas sur cette chaise : (prendre) _____ le fauteuil, vous serez mieux.

单元 10
副代词 y 和 en

37 用副代词 y 重新造句：

1. Tu vas souvent à la piscine ?
   →

2. Je ne vais pas à la fac.
   →

3. On mange très bien dans ce restaurant.
   →

4. Il reste en Bretagne une semaine.
   →

5. On va au bistrot.
   →

6. Son mari travaille à la banque.
   →

7. Mme Durand met du lait dans cette soupe.
   →

8. Il pleut souvent en Normandie ?
   →

9. Je ne vois rien dans ce brouillard.
   →

10. Ils vont à Paris, je veux aussi aller à Paris.
    →

11. Quel beau temps ! Allons dans le jardin !
    →

12. Va dans ta chambre !
    →

13. Ah non, ne va pas en boîte !
    →

14. Tu penses au cadeau de mariage de Marie ?
    →

15. Il faut réfléchir à ce problème.
    →

> **难点解读**
> - 副代词 y 代替介词（de 除外）引导的地点状语，放在相关动词前（题 1、2、10 等）；若在肯定命令式中，则放在动词后，并用连字符连接（题 11、12）。
> - 副代词 y 可以代替由介词 à 引导的指物的间接宾语（题 14、15）。

38 用副代词 en 改写下列各句：

1. Je bois de la bière.
   →

2. Tu as des dictionnaires français ?
   →

3. L'enfant ne mange pas de légumes.
   →

4. Elle parle de sa nouvelle voiture.
   →

5. Mon père a beaucoup de livres.
   →

6. Nous avons deux bicyclettes.
   →

7. Ils reviennent des États-Unis.
   →

8. Je voudrais deux kilos de pommes.
   →

9. Vous voulez encore un peu de poisson ?
   →

10. Nous sommes contents de notre travail.
    →

11. Il a envie d'un bon petit déjeuner.
    →

12. Ajoutez encore un peu de sel.
    →

13. Elle sort du bureau à 14 heures.
    →

14. Je veux bien encore un morceau de ce gâteau.
    →

15. Vous pouvez me donner quatre steaks.
    →

难点解读

- 副代词 en 须放在相关动词前（题 1、2、15 等），若在肯定命令式中，则放在动词后，并用连字符连接（题 12）。
- 副代词 en 用于代替不定冠词或部分冠词加名词（题 1、2）、否定句中的介词 de 加名词（题 3）、介词 de 引导的间接宾语（题 4、11）、数量副词引出的名词（题 5、9、12）、数词后的名词（题 6、15）、介词 de 引导的地点状语（题 7、13）、介词 de 引导的名词补语（题 8、14）、介词 de 引导的形容词补语（题 10）等。

39 用副代词 y 或 en 填空：

1. J'aime Paris, je _____ vais au moins une fois par an.

2. Ces oranges ne sont pas chères, on peut _____ acheter.

3. Ma sauce est trop épaisse, je vais _____ ajouter un peu de lait.

4. Vas- _____, demande-lui tout cela.

5. J'ajoute un peu de sel, il n'y _____ a pas assez.
6. Mon travail ? Je ne veux pas _____ penser quand je suis en vacances.
7. Ces fruits ne sont pas mûrs, ne _____ mangez pas.
8. Combien vous _____ voulez ?
9. Je _____ voudrais juste un kilo, pas plus.
10. Vous n'êtes pas au courant de l'accident ? Pourtant on _____ parle dans tous les journaux du matin.
11. J'aime bien la Bretagne, mais malheureusement, il _____ pleut trop souvent.
12. Ils vont au restaurant ? – Je crois qu'ils _____ vont mais je ne _____ suis pas sûr.
13. Mais non, je ne vais pas chez le coiffeur, je _____ viens !
14. J'aimerais refaire un voyage en Italie, je _____ garde un merveilleux souvenir.
15. Tes enfants croient aux fantômes ? – Oui, ils _____ croient et ils _____ ont très peur.

单元 11 重读人称代词

40 用重读人称代词填空：

1. Pierre, _____, il va partir seul pour la Grèce.
2. Mes parents, _____, ils passent quelques jours à Paris.
3. Et _____, j'adore Paris l'automne.
4. Denise parle avec Simon : elle parle avec _____ pendant des heures.
5. Nous rentrons chacun chez _____, c'est la fin des vacances.
6. Regarde : c'est Anne et Lucas, ce sont _____ !
7. Si tu as envie d'emmener tes sœurs, viens avec _____.
8. Christine n'est pas drôle ; à cause de _____, on arrive toujours en retard.
9. Si tu penses à _____, donne-nous de tes nouvelles.
10. On parle de _____ et tu arrives.
11. Ma petite sœur a faim, je vais chercher des croissants pour _____.
12. N'hésitez pas à nous téléphoner si vous avez besoin de _____.
13. Il ne veut pas y aller, alors j'irai _____-même.
14. Quand on fait les choses _____-même, on est plus satisfait !
15. C'est tout à fait différent quand on travaille pour _____ et non pour un patron.

难点解读

- 重读人称代词作主语的同位语（题1、2等）、用于c'est后（题6）以及用在介词后（题4、5等）。
- 重读人称代词可以和même连用，意为"自己"，构成moi-même, toi-même, lui-même等形式（题13）。
- soi是第三人称单数重读自反人称代词，与on, chacun配合使用（题14、15）。

单元 12

直接宾语人称代词

41 用直接宾语人称代词填空：

1. Chère Julie, je _____ aime et je ne peux plus vivre sans toi.
2. Je ne supporte pas ce petit garçon, je _____ déteste.
3. Ses parents vont à la mer et elle va _____ rejoindre la semaine prochaine.
4. Cette serviette est sale, il faut _____ laver.
5. J'ai beaucoup à faire, ne _____ appelle pas de temps en temps.
6. Mes parents _____ fatiguent ; ils répètent toujours la même chose.
7. Elle n'écoute pas les informations. L'actualité ne _____ intéresse pas !
8. J'aime bien les nouveaux voisins. On pourrait _____ inviter à l'apéritif.
9. Voilà mon numéro de téléphone, notez- _____.
10. Regarde- _____. Tu me trouves comment ?
11. Nous avons quelque chose à te dire, écoute- _____.
12. Tu vas trop vite, je ne peux pas _____ suivre, attends- _____.
13. Je ne veux pas y aller seule, accompagne- _____ s'il te plaît.
14. On va au cinéma ce soir. Je viens _____ prendre en voiture.
15. C'est votre voiture ? Il ne faut pas _____ garer devant la sortie de secours.

难点解读

- 直接宾语人称代词在句中作直接宾语，通常置于相关动词之前（题1、2、3等）。
- 直接宾语人称代词在命令式肯定式中置于动词后面，并用连字符连接；me 改成 moi（题9、10等）。在命令式否定式中仍置于相关动词前（题5）。

单元 13

间接宾语人称代词

42 用间接宾语人称代词填空：

1. Je ne comprends pas ce que vous _____ demandez.
2. Si tu veux, je peux _____ expliquer cette phrase de Victor Hugo.
3. Ce cadeau est pour vous. J'espère qu'il _____ plaira.
4. Il _____ répond qu'il veut bien voyager avec nous.
5. Je _____ souhaite un bon voyage.
6. Un passant me sourit et _____ demande l'heure.
7. Je dois aller voir mes amis, car j'ai des nouvelles à _____ raconter.
8. Nous apprenons le français, il _____ faut un dictionnaire.
9. Si tu vois Sophie, dis- _____ bonjour de ma part.
10. Je _____ parle, regardez-moi.
11. Tu me prêtes 20 € ? Je _____ les rendrai la semaine prochaine.
12. Si vous voulez inviter Paul et Marie, téléphonez- _____.
13. Il faut _____ donner une clé, sinon elle ne pourra pas rentrer ce soir.
14. Ils sont très occupés, ne _____ téléphonez pas.
15. Ne _____ dis pas que son mari est à l'hôpital.

> **难点解读**
>
> - 间接宾语人称代词代替由介词 à 引导的间接宾语，通常置于相关动词之前（题 1、2 等）。
> - 间接宾语人称代词在命令式肯定式中置于动词后面，并用连字符连接；me 改成 moi（题 9）。在命令式否定式中仍置于相关动词之前（题 14、15）。

43 用直接宾语人称代词、间接宾语人称代词或重读人称代词填空：

1. _____, j'ai envie de faire le tour du monde.
2. Alain ne veut pas qu'on _____ dérange, il travaille.
3. Comme il travaille bien, son père _____ promet une bicyclette pour Noël.
4. Monsieur Dubois n'est pas là ? J'ai rendez-vous avec _____.
5. Maintenant que vous habitez près de chez nous, venez _____ voir plus souvent.
6. C'est un vieil ami à moi, ça fait longtemps que je _____ connais.
7. Je donne tous les matins un jus d'orange aux enfants, c'est très bon pour _____.
8. Si vous voyez Pierre et Françoise, dites-_____ de me téléphoner, j'ai quelque chose à _____ dire.
9. Le patron _____ croit capables de faire ce travail.
10. Ce pantalon _____ va bien : il est juste à ma taille.
11. Le directeur demande à son assistante de _____ retenir une chambre double.
12. C'est _____ qui fais tout et c'est _____ qu'on remercie, ce n'est pas juste.
13. Madame Dupont est là ? C'est à _____ que je dois dire tout cela.
14. Je ne parle pas bien français, je commence seulement à _____ apprendre.
15. Il viendra nous présenter son dernier ouvrage ; vous pourrez _____ poser des questions sur son livre.
16. J'aime bien les paroles de cette chanson ; vous _____ connaissez ?
17. Avec cette chaleur, il vaut mieux rester chez _____, c'est moins fatigant.
18. Ne lui faites pas de gâteau : le sucre _____ est interdit.
19. Tiens, _____ voilà ! C'est précisément toi que je voulais voir.
20. Il _____ est impossible de partir en Espagne : en effet, on m'a volé tous mes papiers.

> **难点解读**
> - 有些动词引出的间接宾语具有 pour quelqu'un 的含义（题 11）。
> - 重读人称代词可以用于 c'est ... qui 和 c'est ...que 的强调句型中（题 12、13）。
> - 间接宾语人称代词可置于 être 前，用作表语（形容词）的补语（题 18、20）。
> - 直接宾语人称代词可置于 voilà 前，与其配合使用，意为"……来了"、"这就是……"（题 19）。

44 用合适的人称代词填写下列短文：

A Luc et Laurent viennent chez _____ pour voir ma moto. Je _____ répare quand ils arrivent, et Cécile _____ ouvre la porte. Elle _____ raconte que je n'arrive pas à _____ réparer. Ce n'est pas vrai, et je _____ déteste quand elle se moque de _____ comme ça. Ils _____ demandent s'ils peuvent _____ aider. Alors, je _____ montre la moto, et je _____ conseille de ne pas _____ croire la prochaine fois qu'elle _____ dit quelque chose. En effet, je ne peux pas _____ interdire de parler à mes amis, et c'est dommage.

B Thomas attend Sophie à l'aéroport. Il _____ attend avec impatience. Il _____ connaît depuis peu de temps. Il _____ trouve belle et intelligente. Il veut _____ raconter sa vie, _____ confier ses projets, _____ faire des confidences. Sophie arrive enfin. Elle _____ voit. Elle _____ trouve élégant. Elle _____ connaît très peu mais, spontanément, elle _____ embrasse, elle _____ prend le bras, elle _____ parle et elle rit en même temps. Il _____ sourit. Elle _____ plaît. Il _____ semble qu'il _____ connaît depuis toujours.

单元 14 副词

45 写出由下列形容词加后缀 -ment 构成的副词：

1. lent →   correct →   difficile →   facile →
2. attentif →   heureux →   long →   doux →
3. complet →   habituel →   franc →   fou →
4. évident →   fréquent →   suffisant →   courant →
5. énorme →   profond →   précis →   confus →
6. vrai →   poli →   absolu →   assidu →

难点解读

- 有些副词由形容词的阴性词形加后缀 -ment 构成（题 1、2、3）。
- 以 -ent, -ant 结尾的形容词，须分别将 -ent, -ant 改成 -emment, -amment 构成副词（题 4）。
- 少数形容词变阴性后，须将 e 改为 é 再加 -ment 构成副词（题 5）。
- 以元音 ai, i, u 结尾的形容词直接加 -ment 构成副词（题 6）。

46 用由下列形容词构成的副词填空：vrai, lent, propre, simple, attentif, profond, heureux, correct, prudent, absolu, tranquille, doux, franc, assidu, fou :

1. Ce camion roule _____.

2. Les élèves écoutent _____.
3. Ce chauffeur conduit _____.
4. Réfléchissez pour répondre _____.
5. C'est _____ ce qu'il a dit.
6. Cela est _____ incroyable.
7. _____, nous avons trouvé un appartement à louer.
8. Parle-moi _____, tu peux me faire confiance.
9. Ses enfants dorment _____.
10. Il est _____ amoureux de sa nouvelle collègue.
11. Ces gens vivent _____, ils n'ont pas beaucoup d'argent.
12. Ne bouge pas tout le temps ! Regarde _____ la télévision.
13. Tu parles trop fort et les enfants dorment ; parle plus _____.
14. Elle fréquente _____ la salle de gymnastique près de la gare.
15. Pierre, tu es très sale ! Mange ta crème _____.

47 用数量副词 beaucoup de, un peu de, peu de, assez de 或 trop de 填空：

1. Les Français boivent _____ vin.
2. L'enfant mange _____ chocolat, ce n'est pas bien.
3. Il n'y a pas _____ travail pour tout le monde.
4. Jacques habite en banlieue, il a _____ amis.
5. Il y a _____ choses à voir à Paris.
6. Je n'aime pas les grandes villes : il y a _____ gens.
7. Pour acheter un appartement, il faut _____ argent !
8. Passe-moi _____ vin, s'il te plaît.
9. Les touristes étrangers ont _____ problèmes parce qu'ils ne parlent pas notre langue.
10. Cette table tient _____ place dans la pièce, il faudrait la mettre ailleurs.
11. Marie mange très _____ frites : elle est au régime.
12. C'est un travail qui demande _____ patience.
13. Il y a trop _____ neige pour pouvoir faire du ski.
14. Paul a _____ chance, il gagne souvent en jeu.
15. Si vous n'avez pas _____ argent pour acheter une voiture, demandez un crédit.

> **难点解读**
>
> - beaucoup 等数量副词可以由介词 de 引导一个名词（题 1、2 等）；该名词也可以是抽象名词，通常用单数形式（题 3、12 等）。
> - 数量副词 peu 可以前置 très 或 trop，构成 très peu, trop peu（题 11、13）。
> - 数量副词 trop 可以后接由介词 pour 引导的动词不定式，意为"太……以致于不……"（题 13）。
> - 数量副词 assez 可以后接由介词 pour 引导的动词不定式，意为"足够……可以……"（题 15）。

48 用 beaucoup, un peu, peu, assez, trop 或 très 填空：

1. Je suis fatigué, je me repose _____.
2. Ce pull me plaît, mais il est _____ cher pour moi.
3. Il travaille beaucoup, alors il gagne _____.
4. On sort _____ souvent en ce moment, on est très occupé.
5. Cette jupe me plaît, mais malheureusement, elle n'est pas _____ longue.
6. On dirait qu'il est malade : il mange très _____.
7. La roue arrière de la bicyclette n'est pas _____ gonflée.
8. Moins 10° en hiver : il fait _____ froid ; mais moins 35° : il fait _____ froid.
9. Votre café est un peu _____ fort, mais il est bon quand même.
10. Ces radiateurs sont trop petits, ils ne chauffent pas _____.
11. 40 cigarettes par jour ? Mais vous fumez _____ ! C'est _____ dangereux pour votre santé !
12. On ne peut pas prendre des photos à l'intérieur, la salle est _____ trop sombre.
13. Ces chaussures sont _____ justes, elles me font mal.
14. Il fait _____ chaud pour rester sur la plage, le sable est brûlant.
15. Tu crois que l'eau est _____ profonde pour plonger du rocher ?

> **难点解读**
>
> ○ beaucoup 等数量副词可以修饰动词（题 1、3 等）。
> ○ 数量副词除 beaucoup 外，均可用来修饰形容词和副词（题 2、4、5 等）。
> ○ 数量副词 trop 可以前置 un peu 或 beaucoup，构成 un peu trop, beaucoup trop（题 9、12）。

49 用副词 tout, toute, toutes 填空：

1. Le patron a l'air _____ heureux.
2. Les enfants sont _____ heureux.
3. La petite Marie est _____ contente.
4. À cette nouvelle, Léa et Sophie sont _____ tristes.
5. Le petit garçon crie tout le temps ; Mme Dupont est _____ énervée.
6. Elles sont _____ étonnées d'apprendre cette nouvelle.
7. Catherine est _____ prête à nous aider.
8. Ils sont _____ fatigués après une journée de travail.
9. Marie veut voyager _____ seule.
10. M. et Mme Dupont sont _____ émus.

> **难点解读**
>
> ○ 副词 tout 用来修饰形容词，一般无性、数变化（题 1、2、6 等）；只有在以辅音字母和嘘音 h 开始的阴性形容词前才有性、数变化（题 3、4、7 等）。

50 用副词 devant, derrière, dedans, dehors, dessus, dessous, ailleurs 填空：

1. Ne restez pas _____, entrez donc !
2. Il fait froid dehors ; allons _____, il fait meilleur.
3. Au cinéma, tu préfères être devant ou _____ ?
4. Partez _____, je vais vous rejoindre tout à l'heure.
5. Cette chaise est sale, ne vous asseyez pas _____.

6. Le chat doit être sous le meuble. – Non, il n'est pas _____.

7. Les enfants, allez jouer _____ ! On travaille ici.

8. Bien sûr que la valise est légère, il n'y a rien _____.

9. Pierre court _____ pour le prévenir.

10. Il fait froid ce matin, mais _____ nous sommes bien chauffés.

11. Attends-moi _____, je n'en ai que pour quelques instants.

12. Le libraire du quartier n'a pas ce livre ; allons _____.

13. Regardez cette pierre, il y a sans doute une vipère _____.

14. Tu peux mettre la lettre à la poste, le timbre est _____.

15. Il marche _____ et les autres derrière.

> **难点解读**
>
> ○ 这类副词的词义为 devant（在）前面, derrière（在）后面, dedans（在）里面, dehors（在）外面, dessus（在）上面, dessous（在）下面, ailleurs（在）别处。
>
> ○ 这类副词用作地点状语，通常置于句末。

51 用 ne ... pas, ne ... que, ne ... rien, ne ... plus, ne ... jamais, ne ... personne, ne ... plus que, ne ... plus rien, ne ... plus jamais, ne ... plus personne 填空：

1. Je ne peux pas aller à la piscine : je _____ ai _____ de maillot !

2. La radio _____ marche _____, seulement les piles sont usées.

3. Julien est en très bonne santé : il _____ est presque _____ malade.

4. Tu _____ me laisses _____ cinq euros pour le déjeuner ? Tu n'es vraiment pas généreux !

5. C'est difficile d'avoir Pierre au téléphone : il _____ est _____ chez lui.

6. Le brouillard est très épais ce matin, on _____ voit _____.

7. Pierre s'enferme dans sa chambre, il _____ veut ouvrir à _____.

8. Marie se retient pour _____ _____ pleurer.

9. J'ai enfin pris la décision de _____ _____ fumer.

10. Puisque tu _____ as _____ à faire, tu vas m'aider.

11. Nous _____ le voyons _____ une fois par mois.

12. Il dit qu'il _____ voyage _____ _____ avec moi.
13. Il _____ y a _____ _____ à boire, je vais chercher du jus de fruit.
14. J'ai tout dépensé, je _____ ai _____ un sou.
15. Au mois d'août, il _____ y a _____ _____ à Paris; c'est désert.

难点解读

- 否定副词 ne 分别与 pas, rien, plus, jamais, personne 等一起使用，构成否定句型（题 1、2、3 等）；而 ne … que 表示限制意义（题 4）。
- ne … pas, ne … plus 等用于否定动词不定式时，须放在一起使用（题 8、9）。
- ne … que, ne … rien, ne … jamais, ne … personne 中插入 plus，可起强调作用（题 11、12、13、15）。

单元 15
代词式动词

52 用自反人称代词 se 填空：

1. Je _____ promène souvent dans le parc.
2. Tu _____ réveilles de bonne heure ?
3. Elle _____ habille avant de prendre son petit déjeuner.
4. Nous _____ couchons très tard.
5. Je connais de vue ce monsieur, nous _____ rencontrons tous les matins au bistrot.
6. Ils _____ connaissent très bien, ils _____ appellent par leur prénom.
7. Nous sommes fâchés, nous ne _____ parlons plus.
8. Je crois que nous pouvons _____ quitter : nous n'avons plus rien à _____ dire.
9. Comme ils sont loin l'un de l'autre, ils préfèrent _____ écrire plutôt que de _____ téléphoner.
10. La tour Eiffel _____ voit de loin.
11. Les fruits _____ mangent le plus souvent crus.
12. Ce mot ne _____ emploie plus du tout.
13. Pourquoi tu dis ça ? Tu _____ moques de moi.
14. Ma grand-mère _____ occupe des enfants et de la maison.
15. Je _____ souviens de la date de la mort de Victor Hugo.

> **难点解读**
>
> - 带有自反人称代词 se 的动词称为代词式动词。代词式动词可以表示四种意义：自反、相互、被动和绝对意义。
> - 表示自反意义的代词式动词一般由直接及物动词加 se 构成，动作的对象反及主语本身（题 1、2 等）。
> - 表示相互意义的代词式动词由直接或间接及物动词加 se 构成，主语为复数，动作在数者之间进行（题 5、6、7 等）。
> - 表示被动意义的代词式动词由直接及物动词加 se 构成，主语为指物的名词（题 10、11 等）。
> - 表示绝对意义的自反人称代词 se 是动词中固有的成分，不起语法作用（题 13、14 等）。

53 将括号内的代词式动词改成正确的词形：

1. Je (ne pas s'habituer) au climat de cette région.
2. Marie, il est temps que tu (se coucher). Ce n'est plus l'heure de s'amuser.
3. Tu (s'ennuyer) ? Tu devrais (s'inscrire) à un cours de danse ou de musique.
4. Ma mère (s'appeler) Néfertiti. Je sais que c'est ridicule.
5. Nous (se rendre) compte de l'importance de ce travail.
6. Tu rentres très tard et je (s'inquiéter) pour toi.
7. Ce n'est pas vrai ! Elle (s'en aller) comme ça ?
8. Ils (se disputer) à propos de tout et de rien depuis le début du mariage.
9. Les jeunes (se préoccuper) beaucoup de leur avenir.
10. Nous voulons (s'installer) en banlieue : c'est calme et l'air y est pur.
11. Vous devez (s'occuper) de vos affaires.
12. Les Français (s'intéresser) -ils à la politique ?
13. (se dépêcher) ! Tu es toujours en retard !
14. Comment (se débrouiller) -elle sans travail ?
15. (s'arrêter), vous ne voyez pas que le feu est rouge ?

> **难点解读**
>
> - 代词式动词作不定式时，其自反人称代词 se 要与相关主语人称配合（题 10、11 等）。
> - 代词式动词在肯定命令式中，自反人称代词 se 置于动词之后，并用连字符连接；te 改成 toi（题 13、15）。

54 按照例句用代词式动词造句：

1. Je promène mes amis dans Paris.
   → Je me promène dans Paris.

2. Mme Durand habille et chausse sa petite fille.
   →

3. Il veut bien me revoir plus tard.
   →

4. Philippe aime sa petite amie énormément.
   →

5. On mange du fromage avec du pain ou du vin.
   →

6. Comment dit-on ça en français ?
   →

7. Il inscrit son enfant à une école du quartier.
   →

8. Elle embrasse sa copine quand elle la voit.
   →

9. Je lui demande pourquoi elle ne va pas au bal.
   →

10. Je vais t'acheter un ordinateur portable.
    →

11. Il téléphone souvent à ses parents.
    →

12. Les élèves disent bonjour à leur maître.
    →

13. On lit facilement les romans de Maupassant.
    →

14. Après sa retraite, M. Dupont va installer sa famille à la campagne.
    →

15. Le gouvernement fait la réforme en plusieurs étapes.
    →

55. 说出下列句中自反人称代词的语法功能，并将句子译成中文：

1. Viens te réchauffer les pieds près de la cheminée.

2. Les deux jumeaux se ressemblent comme deux gouttes d'eau.

3. Le vin blanc se boit frais, mais pas trop froid quand même.

4. Est-ce que vous vous souvenez de ce match de football ?

5. Il paraît que l'école organise des voyages, je vais me renseigner là-dessus.

6. Ça y est, j'ai compris, tout s'explique maintenant !

7. On se retrouve demain à midi juste à la sortie de l'école.

8. Tu te laves les mains ? Tiens, voilà une serviette pour t'essuyer.

9. Madame, ces chaussures vous vont très bien. Venez donc vous regarder dans la glace.

10. Tout à coup, il se met à pleuvoir.

11. On se voit, disons, lundi, c'est d'accord ?

12. Il vaut mieux s'asseoir en rond, comme ça, tout le monde se voit.

13. Beaucoup d'étrangers se rendent à Paris pour la fête du bicentenaire de la Révolution.

14. Les magazines se vendent aussi chez le marchand de journaux.

15. Les vrais amis s'entraident dans le malheur.

单元 16

国家、城市等名称前的介词

56 用 en, au, aux 或 du, de 填空：

1. Mon oncle travaille _____ Canada.
2. Sa famille habite _____ Danemark.
3. Je veux voyager _____ France.
4. Cet été, nous allons passer nos vacances _____ Grèce.
5. Olivier veut aller _____ Allemagne.
6. Les appartements sont-ils chers _____ Italie ?
7. _____ Mexique, les gens parlent espagnol.
8. La cérémonie des Oscars a lieu _____ États-Unis.
9. Pierre est né _____ Argentine.
10. Ses amis vont partir _____ Brésil.
11. _____ Israël, on va visiter Jérusalem.
12. Y a-t-il des montagnes _____ Irak ?
13. Ces touristes viennent _____ France.
14. Son oncle arrive _____ Japon.
15. Sa famille a une entreprise _____ Philippines.

难点解读

- 介词 à 用于辅音字母起始的阳性国名前，表示去或在某国（题 1、2 等）。
- 介词 en 用于阴性国名前，表示去或在某国（题 3、4 等）；以 e 结尾的国名通常为阴性。

- 以元音字母起始的国名，不论阴阳性，均用介词 en（题 5、11 等）。
- 复数国名前一律用介词 à，表示去或在某国（题 8、15）。
- 国名前用介词 de 表示来自某国（题 13）。

57 用合适的介词填写下列各句：

1. Il y a beaucoup de monuments à visiter _____ Paris.
2. Le Festival international du film se déroule _____ Cannes.
3. Cette année, je pars _____ Normandie au lieu d'aller _____ le Bordelais.
4. Le Mont-Saint-Michel se trouve _____ Bretagne.
5. Je projette de faire un tour _____ Europe.
6. Les chutes du Niagara sont _____ Amérique du Nord, _____ le Canada et _____ les États-Unis.
7. Akiko vient _____ Tokyo et Rune vient _____ Norvège.
8. Le Canal de Suez est _____ Égypte, _____ Afrique du Nord.
9. M. Dupont travaille _____ province ou _____ l'étranger ?
10. Philippe habite _____ ville ou _____ banlieue ?
11. Tu préfères passer tes vacances _____ la mer, _____ la montagne ou _____ la campagne ?
12. Cette année, vous allez _____ la Côte d'Azur ou _____ les Alpes ?
13. Ils veulent acheter un appartement _____ le 16ᵉ arrondissement.
14. Elle se promène avec ses copines _____ le quartier Saint-Germain.
15. Je passe toujours _____ Avignon quand je vais _____ le Midi.

难点解读

- 城市名为阳性，不用冠词；用介词 à 表示去或在某市（题 1、2）。
- 法国地区名以 e 结尾通常为阴性，可以前置介词 en；若为阳性，则采用介词 à（题 3、4）。
- 介词 en 可用于五大洲名词前（题 5、6 等）。
- (en) province, (à) l'étranger, (sur) la Côte d'Azur, (dans) les Alpes, (dans) l'arrondissement, (dans) le quartier, (dans) le Midi 前的介词用法，属于介词和这些名词的搭配用法（题 9、12、13、14、15）。

58 用合适的介词填写下列对话：

La cliente: Bonjour Monsieur, je voudrais des renseignements sur vos voyages organisés.

L'employé: Bien sûr. Vous voulez rester _____ le Canada ?

La cliente: Non, j'aimerais voir autre chose. L'Europe, par exemple.

L'employé: Vous voulez aller où ? _____ France ? _____ Suisse ? Vous connaissez l'Italie ?

La cliente: Non, mais je rêve de ces pays !

L'employé: Vous désirez aller _____ la mer ou _____ la montagne ?

La cliente: Les deux si possible.

L'employé: Dans ce cas, je vous propose de faire un voyage _____ Autriche parce que vous passez _____ la Suisse, c'est un beau pays où vous visitez plusieurs régions magnifiques. Pour finir, vous rentrez _____ l'Italie. Tenez, voici une brochure.

La cliente: Je préfère aller _____ Europe _____ le printemps. Qu'en pensez-vous ?

L'employé: _____ le printemps ou _____ été, c'est très agréable.

La cliente: Je séjourne _____ Vienne, n'est-ce pas ?

L'employé: Naturellement.

La cliente: Il y a des départs _____ mai ou bien _____ août ?

L'employé: Pas de problème, Madame.

La cliente: Bien, alors je repasserai _____ quinze jours pour réserver deux billets d'avion. Merci.

> **难点解读**
>
> ○ 介词 en 用于季节名称 été（夏天）、automne（秋天）、hiver（冬天）前，表示"在（某季节）"；printemps（春天）因以辅音字母起始，须用介词 à，从而构成 au printemps。
>
> ○ 月份名称均为阳性名词，且不用冠词，前置介词 en 表示"在（某月份）"。

单元 17

两个名词间的介词 de

59 用介词 de 连接下列词组：

1. un cours   lecture
2. une salle   crédit
3. un roman   français
4. une carte   luxe
5. une table   de   enfant
6. une voiture   soleil
7. un chapeau   bois
8. un bain   amour
9. un chauffeur   mer
10. des poissons   taxi

难点解读

- 介词 de 可以连接两个名词，如果 de 引导的名词起修饰作用，则第二个名词须省略冠词。

60　用介词 de 连接下列词组，并注意冠词的缩合：

1. la porte　　　　　　　　　　　　le directeur
2. la valise　　　　　　　　　　　　l'employé
3. le bureau　　　　　　　　　　　le voyageur
4. le travail　　　　　　　　　　　　la voiture
5. les clés　　　　　　de　　　　　le bureau
6. les textes　　　　　　　　　　　le voisin
7. les élèves　　　　　　　　　　　la leçon deux
8. les jouets　　　　　　　　　　　la Classe A
9. l'enfant　　　　　　　　　　　　le gouvernement chinois
10. le chef　　　　　　　　　　　　la petite Marie

难点解读

- 若介词 de 连接的两个名词表示所属关系，则第二个名词须用冠词。

61　选择下列名词填写词组：

1. une tasse de _____ riz
2. un verre de _____ thé
3. un bol de _____ lait
4. un pot de _____ sucre
5. une boîte de _____ jambon
6. une bouteille de _____ yaourt
7. un paquet de _____ papier
8. un morceau de _____ conserve
9. une tranche de _____ cigarettes
10. une feuille de _____ champagne

难点解读

- 若第一个名词表示容量，或者说表示"量词"概念，则介词 de 引导的名词须省略冠词。

62　用下列词组完成句子：

beurre (200 grammes), lait (2 litres), lentilles (1 boîte), tomates (2 kilos), biscuits (1 paquet), vin rouge (2 litres), huile d'olive (1 litre), jambon (4 tranches), viande (800 grammes)

→ Je vais acheter 200 grammes de beurre …

> **难点解读**
> ● 若第一个名词表示重量，则介词 de 引导的名词须省略冠词。

63　分析下列词组的特点：

1. dix minutes de repos
2. une heure de marche
3. huit heures de travail
4. cinq minutes de voiture
5. un quart d'heure de métro
6. trois jours de congé
7. un mois de vacances
8. deux ans de prison

> **难点解读**
> ● 若第一个名词表示时间，则介词 de 引导的名词须省略冠词。

64　选择下列名词填写词组，并注意冠词的缩合：

1. l'explication de _____   le café
2. la construction de _____   le pays
3. l'exportation de _____   le pont
4. la préparation de _____   le texte
5. l'augmentation de _____   le dîner

6. la modernisation de _____ la voiture
7. le développement de _____ l'industrie
8. le dépannage de _____ la production

难点解读

- 若第一个名词为动名词，则介词 de 引导的名词通常使用定冠词。

单元 18

与形容词配合的介词 à 和 de

65 用介词 à 或 de 填空，并分析句子的结构：

1. Ce livre est facile _____ lire.
2. Elle porte un nom impossible _____ prononcer.
3. C'est facile _____ dire, c'est difficile _____ faire.
4. C'est difficile _____ bien connaître un pays.
5. Il est impossible _____ visiter tous les monuments.
6. Ce musée est intéressant _____ visiter.
7. Les Parisiennes sont agréables _____ regarder.
8. C'est agréable _____ se promener sur les Champs-Élysées.
9. Cet élève est toujours fatigué, il est nécessaire _____ voir ses parents.
10. Je suis très content _____ te revoir.
11. Toute vérité n'est pas bonne _____ dire.
12. C'est pourtant simple _____ comprendre ! Il ne veut pas y aller !
13. Marco est étonné _____ apprendre cette nouvelle.
14. Si vous êtes fatigué _____ travailler, il est inutile _____ continuer.
15. Je suis curieux _____ savoir pourquoi tu as l'air si content de toi.

难点解读

- 形容词由介词引出一个直接及物动词，如果动词的宾语前置，则采用介词 à（题 1、2 等）; c'est ... 结构有时也能体现宾语前置，因为 c'est = ce + est，相当于 cela est ...（题 3）。
- 形容词由介词引出一个直接及物动词，如果动词的宾语后置，则采用介词 de（题 4）。
- 倘若介词引出的是一个间接及物动词、不及物动词或者句子的主语为无人称代词 il，那么均采用介词 de（题 5、8 等）。

单元 19

表示地点的介词

66 用介词 à, dans, chez, en 填空：

1. Le dimanche, je vais _____ le jardin du Luxembourg.
2. Comme d'habitude, je déjeune _____ le restaurant.
3. Tu peux m'accompagner _____ la gare ?
4. Nous allons chercher notre enfant _____ l'école.
5. Je dois acheter des livres _____ la librairie.
6. Nous passons le week-end _____ nos parents.
7. Il n'y a plus de pain _____ le boulanger.
8. Combien vaut cette robe _____ la vitrine ?
9. Chut ! Il y a deux enfants qui dorment _____ la pièce voisine.
10. Viens prendre un verre _____ la terrasse du café.
11. Ce week-end, je pars _____ la campagne.
12. Le dimanche, il n'y a personne _____ la rue.
13. Michel habite _____ Paris ou _____ banlieue ?
14. Ils ont une maison _____ la banlieue ouest de Paris.
15. Il fait beau, on va faire une promenade _____ forêt.
16. Nous allons ramasser des marrons _____ la forêt.
17. Je vais prendre mon billet _____ l'agence de voyages.
18. M. Durand travaille _____ une agence immobilière.
19. On trouve des parfums français _____ toutes les grandes villes.
20. Il est _____ l'hôpital : il vient d'avoir un accident.

难点解读

- 介词 à 表示在……（地点），可用于咖啡馆、餐馆名词前（题2）、车站、机场名词前（题3）、学校类名词前（题4）。
- 介词 à 可以用于店铺名词前（题5），又如 à la boucherie, à la boulangerie 等。
- 介词 chez 表示"在某人家里"，还可以解释"在某家店里"（题6、7）。
- 介词 dans 后接一个表示室内的地点（题8、9），介词 à 则反之（题10、11）。
- 介词 en 后接的地点较泛指（题13、15），而介词 dans 后接的地点表示的意思则较具体（题14、16、19）。若指工作单位或营业场所，通常定冠词前使用介词 à（题17）、不定冠词前使用介词 dans（题18）。

67 用介词 à, de, sur, sous, devant, derrière 填空：

1. Tu peux mettre les livres _____ la table.
2. Écrivez votre nom _____ cette feuille de papier.
3. C'est un tout petit village, il n'est même pas indiqué _____ la carte.
4. Les gens se promènent _____ les quais de la Seine.
5. Il y a beaucoup de voitures _____ l'autoroute.
6. L'air passe _____ la porte.
7. Nous faisons un pique-nique _____ un grand arbre.
8. Ne reste pas _____ moi, je ne vois rien.
9. Regarde cette photo ; je suis juste _____ la mariée.
10. Ne garez pas la voiture _____ le restaurant.
11. La maison est _____ les arbres, elle est à l'abri du vent.
12. L'enfant dessine des carrés et des cercles _____ le trottoir.
13. _____ Nice à Paris, il y a mille kilomètres.
14. _____ ici, on a une belle vue sur la mer.
15. Je sors _____ chez le docteur, j'ai beaucoup de médicaments à prendre.
16. Le bureau de renseignements est _____ le rez-de-chaussée.
17. Vous allez tout droit et, _____ le premier carrefour, vous tournez à gauche.
18. Lyon est _____ quatre cent cinquante kilomètres de Paris.
19. Les enfants dansent _____ la fenêtre.
20. C'est vrai que l'entrée est gratuite ? Tant mieux, je n'ai pas d'argent _____ moi.

> **难点解读**
>
> - 介词 sur 意为"在……上面",该含义覆盖面较广(题 1、2、4、5 等)。sur 与重读人称代词配合使用,意为"随身"、"身边"(题 20)。
> - 介词 de(地点)à(地点)表示"从(某处)到(某处)"(题 13);介词 à (距离)de(地点)表示"离(某处)多少距离"(题 18)。
> - 介词 de 可以表示动作发生的起点,d'ici 解释"从这里"(题 14)。
> - 介词 de 可以和其他介词配合使用(题 15)。
> - 建筑物的每个楼层用介词 à 来表示(题 16)。carrefour 与介词 à 属于搭配用法(题 17)。
> - sous la fenêtre 解释"在窗前",属于习惯用法(题 19)。

68 用介词 de, en, par, pour, vers, entre, contre, depuis, jusqu'à, avant, après 填空:

1. Cette année, je veux passer mes vacances _____ Australie.
2. D'abord nous allons à Londres et _____ là nous irons sur la Côte d'Azur.
3. Ils vont partir _____ le Japon.
4. Le train _____ Dijon part à 8 h 29.
5. Au retour, on va passer _____ la Suisse.
6. Les Alpes se trouvent _____ la France et l'Italie.
7. Elle tourne la tête _____ son mari.
8. Nous allons sortir _____ la porte de derrière.
9. Il faut garder un écart suffisant _____ le téléviseur et le canapé.
10. Il y a l'autoroute _____ Paris jusqu'à Bordeaux.
11. Je voudrais quatre billets _____ Cannes s'il vous plaît.
12. Ce chien nous suit _____ la ferme.
13. Le train va _____ Lyon, c'est le terminus.
14. Un homme laisse une valise et se dirige _____ la sortie.
15. Posez les cartons _____ le mur, je les rangerai après.
16. L'enfant lance le ballon _____ le mur.
17. Cette entrée est interdite au public : seuls les employés ont le droit de passer _____ là.

18. La maison est juste _____ le virage.
19. Prenez la première rue _____ le feu rouge.
20. Le train ne s'arrête pas _____ Paris.

难点解读

- 介词 pour 可表示目的地和去向（题 3、4 等）。
- 介词 par 可表示通过、经过（某处）（题 5、8 等）。
- 介词 entre 可表示在两地或两处之间（题 6、9）。
- 介词 vers 解释"向"、"朝"（题 7、14）。
- 介词 depuis 意为"从"某地或某处（题 10、12）。
- 介词 contre 具有"靠（某处）"、"向（某处）"的含义（题 15、16）。
- 介词 avant 可表示地点或空间、解释"在……前面"（题 18、20）；après 是其反义词，用法相同（题 19）。

单元 20

表示时间的介词

69 用介词 à, de, avant, après, dans, il y a 填空：

1. _____ leur mariage, Pierre et Marie vont s'installer en province.
2. Si on réserve une chambre par téléphone, on doit arriver _____ sept heures du soir.
3. Le chef du personnel arrive à Paris _____ dix heures.
4. Le soir _____ huit heures, le téléphone est moins cher.
5. Le magasin est ouvert _____ neuf heures _____ onze heures du matin.
6. Rendez-vous _____ midi au café qui est au coin de la rue.
7. _____ trente-cinq ans, Nathalie vit encore chez ses parents.
8. Vous pouvez rappeler _____ dix minutes.
9. Elle part en Australie _____ un mois.
10. Anne est partie au Brésil _____ six mois.
11. Nous sommes arrivés _____ deux jours. Nous partons _____ une semaine.
12. Il faut finir ce travail _____ le mois.
13. _____ les années 60, les banlieues des grandes villes se sont développées.
14. Les voleurs ont eu le temps d'emporter tout l'argent _____ l'arrivée de la police.
15. On a transporté les blessés à l'hôpital aussitôt _____ l'accident.
16. Il a habité à Rome _____ 2002 _____ 2006. Ensuite, il est retourné aux États-Unis.

17. Le technicien va passer _____ la journée.
18. Ma voisine a beaucoup souffert _____ sa jeunesse.
19. Ce château est _____ le XVIIIᵉ siècle.
20. Le lait est _____ la semaine dernière, tu crois qu'il est encore bon ?

> **难点解读**
>
> - 介词 après 表示在某事或某个时间之后（题 1、4）；反义词 avant 用法相同（题 2、14）。aussitôt après… 属于搭配用法（题 15）。
> - 介词 à 可用于钟点及年龄前，表示"在（几点）"、"（几岁）时"（题 3、7）。
> - 介词 de 与 à 配合使用，构成 de … à …，表示时间，解释为"从……到……"（题 5、16）。
> - 介词 dans 可以表示过多少时间以后（题 8、9 等），il y a 则表示多少时间之前（题 10、11）。
> - 介词 dans 后接带定冠词的名词也可表示时间，通常用于 dans la semaine 在本周内，dans le mois 在本月内（题 12）、dans l'année 在本年内，以及 dans la journée 在白天（题 17）等。dans 还可用来表示在某个年代（题 13）。
> - 介词 de 引导时间状语，表示从何时起（题 19、20）。

70 用介词 depuis, dès, en, pendant, pour 填空：

1. _____ sa retraite, il habite à la campagne.
2. Tout est en désordre : la maison est en travaux _____ quinze jours.
3. Ma mère se lève _____ le lever du soleil.
4. Je lui parlerai de mon projet _____ son retour.
5. Nous ne l'avons pas vu _____ six mois.
6. Tu préfères la montagne _____ été ou _____ hiver ?
7. _____ 1989, on a fêté le bicentenaire de la Révolution française.
8. Marco est au Japon _____ deux ans et bientôt, il va partir en Chine _____ trois ans.
9. Tous les soirs, je prends ma douche _____ dix minutes.
10. Le peintre est rapide : il a repeint tout le salon _____ moins de trois jours.
11. Les gens regardent souvent la télévision _____ les repas.

12. Il est resté dans une petite ville _____ un an.

13. Je voudrais réserver une table _____ ce soir.

14. Le directeur n'est pas là, il est en congé _____ quinze jours.

15. La Bastille a servi de prison _____ plusieurs siècles.

16. Le marché aux Puces de Saint Ouen existe _____ plus de 100 ans.

17. Elle veut louer une chambre _____ trois jours.

18. Ce médicament est très efficace contre le rhume, il m'a guéri _____ deux jours.

19. Philippe a été malade _____ toute la semaine.

20. Elle s'est endormie _____ les premières minutes ; quel dommage !

难点解读

- 介词 depuis 意为"自……以来"，常常与直陈式现在时配合使用（题 1、2 等）；若在否定句中，则与复合过去时配合（题 5）。
- 介词 dès 解释为"从……起"，强调时间的起始（题 3、4 等）。
- 介词 en 可用于年份名称前（题 7）；若与带数词的名词连用，则表示在某段时间内（完成一行为动作）（题 9、10 等）。
- 介词 pendant 若与带数词的名词连用，则常与复合过去时配合，表示动作发生在过去某段时间（题 12、15）。
- 介词 pour 可表示将来某一时间点（题 13）或某一时间段（题 14、17）。

上述几个表示时间的介词，其含义和用法在下列各句中得到充分的体现：

- Vous apprenez le français *depuis* combien de temps?
- Vous avez fait cet exercice *en* combien de temps ?
- Il est resté à Paris *pendant* combien de temps ?
- Le directeur sera absent *pour* combien de temps ?
- Vous terminerez votre travail *dans* combien de temps ?

71 用介词 entre, vers, jusqu'à, par, sous, sur 填空：

1. Les employés déjeunent _____ midi et deux heures.

2. Il est très occupé, il travaille _____ minuit.

3. En général, je change les draps une fois _____ semaine.

4. Mon voisin part de chez lui tous les jours _____ neuf heures.
5. Son père a travaillé _____ l'âge de 65 ans.
6. On peut faire ses courses sans se presser dans ce magasin, il est ouvert _____ dix heures du soir.
7. Je cours dans la forêt une heure _____ jour.
8. Les Durand sont partis _____ un beau temps.
9. Nous restons à Paris _____ la semaine prochaine.
10. Le matin, je me lève _____ sept heures et demie : je dors environ sept heures.
11. Peu d'hommes vivent _____ cent ans.
12. À Paris, le métro ne circule plus _____ 1 h 15 et 5 h 30 du matin.
13. La température est descendue _____ 28 degrés au-dessous de zéro.
14. Cette pharmacie est ouverte 24 h _____ 24.
15. La Bastille a été construite _____ Charles V, au XIVᵉ siècle.

难点解读

- 介词 entre 表示在两个时间点之间（题1、12）。
- 介词短语 jusqu'à 解释为"直到"、"直至"，表示某行为动作持续至某时间点（题2、5、6等）。
- 介词 par 可以表示分配，通常前置带有数词的名词，意为"每……"（题3、7）；par 后接表示天气的名词，表示在某种天气的情况下（题8）。
- 题14中 24 h sur 24 是一种习惯用法，表示24小时日夜营业的意思。
- 介词 sous 后接专有名词，意为"在……时代"、"在……时期"（题15）。

单元 21
泛指形容词、泛指代词 tout

72 用泛指形容词 tout, toute, tous, toutes 填空：

1. Le professeur nous demande de traduire _____ le texte.
2. _____ ma famille est réunie pour fêter mon anniversaire.
3. L'incendie a détruit _____ le bâtiment, mais heureusement il n'y a pas de morts.
4. Nous vous donnons _____ les renseignements sur le voyage à Paris.
5. Zut ! _____ les tabacs sont fermés et je n'ai plus de cigarettes.
6. J'aime beaucoup cet écrivain, j'ai _____ ses livres.
7. _____ ces salles de classe sont libres.
8. Vous faites _____ ces exercices à la maison.
9. _____ profession est honorable.
10. Pascal a six ans, il connaît _____ les marques de voitures.
11. _____ vos idées et _____ vos propositions sont intéressantes.
12. Nous déménageons _____ nos affaires ce week-end.
13. _____ les employés ont une augmentation de salaire et _____ le monde est content.
14. J'habite au neuvième étage, c'est très agréable, on voit _____ Paris.
15. J'ai cours _____ la journée.
16. Vous êtes chez vous _____ les matins ?
17. _____ les vendredis après-midi, elle va chez le coiffeur.
18. Vous avez un train _____ les deux heures.

19. Je passe une visite médicale _____ les deux ans.

20. Pour le dîner, vous viendrez _____ les quatre.

难点解读

- 泛指形容词 tout 后接带有冠词、主有形容词或指示形容词的名词，其单数词义为"整个的"，复数词义为"所有的"（题 1、2、4、6、7 等）。
- 泛指形容词 tout 的单数词形后接不带冠词的名词，意为"任何"、"每一个"（题 9）。
- tous les matins 解释"每天上午"（题 16），同类的表达方式还有 tous les après-midi, tous les soirs, tous les ans, tous les mois, toutes les semaines, tous les jours, tous les lundis 等。
- tous les…, toutes les… 后接表示数量概念的名词，意为"每隔"（题 18、19）。
- tous 可以后接一个带定冠词的数词（题 20）；tous (les) deux, tous (les) trois, tous les quatre 等在句中作主语或宾语的同位语，阴性词形为 toutes (les) deux 等，例如：Je vous emmène tous deux à Paris.

73 用泛指代词 tout, tous, toutes 填空：

1. _____ va bien chez nous.

2. Ne lui dis rien, elle répète _____.

3. On parle un peu de _____, on rigole.

4. Ne t'en fais pas, Pierre a _____ compris.

5. C'est _____ pour aujourd'hui.

6. Il y a dix candidats, _____ parlent bien anglais.

7. J'ai invité plusieurs amies, _____ sont venues.

8. Range _____ avant de sortir.

9. Je veux connaître tous les détails de l'affaire : expliquez-moi _____.

10. Pierre est au courant de _____, il sait ce qui se passe autour de lui.

11. Pourquoi votre voisine est-elle curieuse de _____ ?

12. Vous venez _____ avec nous ?

13. Les magasins sont _____ fermés.

14. Si je gagne aux courses, je vous invite _____ à déjeuner.

15. Je les accompagne _____ à l'aéroport.

16. Vos frères et sœurs ont _____ assisté à votre mariage ?

17. Mes amies sont _____ venues à la cérémonie.

18. Les transports parisiens, je les connais _____.

19. Les avions d'Air France décollent _____ de Roissy-Charles-de-Gaulle.

20. Nous n'arriverons pas à monter _____ ensemble dans la voiture.

难点解读

- 泛指代词 tout 为单数词形，其词义为"一切东西"、"一切事情"，可以用作主语、宾语和表语等（题 1、2、5 等）；在复合过去时中，置于助动词和过去分词之间（题 4）。

- 泛指代词 tous, toutes 分别为 tout 的阳性复数和阴性复数词形，在句中通常用作主语（题 6、7 等）和同位语（题 12、13、14、15 等）；用作同位语时，它们置于动词之后，在复合过去时中置于助动词和过去分词之间（题 16、17），可以指人也可以指物。

单元 22 过去分词

74 写出下列第一组动词和第二组动词的过去分词：

1. parler →   donner →   entrer →
2. fermer →   visiter →   habiter →
3. inviter →   manger →   louer →
4. acheter →   passer →   gagner →
5. finir →   choisir →   remplir →
6. réussir →   bâtir →   grossir →

> **难点解读**
> - 第一组动词将词尾 er 换成 é 构成过去分词（题 1、2 等）。
> - 第二组动词去掉词尾 r 便构成过去分词（题 5、6）。

75 写出下列第三组动词的过去分词，并注意其构成的规律：

1. sortir →   partir →   servir →
2. répondre →   vendre →   attendre →
3. prendre →   apprendre →   comprendre →
4. ouvrir →   couvrir →   découvrir →
5. mettre →   permettre →   promettre →
6. conduire →   produire →   construire →

7. connaître → paraître → apparaître →

8. faire → écrire → dire →

难点解读

- 第三组动词系不规则动词，但同一类变位的动词，其过去分词的构成是相同的（题1、2等）。
- 绝大多数第三组动词的过去分词以元音字母 i、u 结尾（题1、2）或以辅音字母 s、t 结尾（题3、4）。
- 有些动词的过去分词与直陈式现在时第三人称单数变位词形相同（题8）。

76 连接动词不定式和相应的过去分词：

1. avoir	☐ su	9. voir	☐ reçu
2. être	☐ eu	10. pouvoir	☐ vu
3. savoir	☐ lu	11. vouloir	☐ pu
4. lire	☐ venu	12. recevoir	☐ voulu
5. venir	☐ vécu	13. falloir	☐ plu
6. vivre	☐ mort	14. pleuvoir	☐ cru
7. naître	☐ été	15. boire	☐ fallu
8. mourir	☐ né	16. croire	☐ bu

难点解读

- 少数第三组动词，其过去分词的构成无规律可循，需要我们熟记（题1、2等）。
- 以 -oir 或 -oire 结尾的动词，其过去分词均以字母 u 结尾（题9、15等）。

单元 23 复合过去时

77 用助动词 avoir 或 être 填写复合过去时：

1. Je _____ entendu le téléphone.
2. Tu _____ bien répondu aux questions du professeur ?
3. Pierre _____ choisi un disque de musique classique.
4. Nous déménageons dans un mois, nous _____ commencé à ranger les affaires.
5. Vous _____ assisté au mariage de Catherine ?
6. Pendant les vacances, ils _____ rencontré des gens sympathiques.
7. Je _____ sorti avant huit heures.
8. Chez qui est-ce que tu _____ allé ?
9. Mon père _____ sorti et il ne _____ pas encore rentré.
10. Nous _____ retournés à l'hôtel à cause de la pluie.
11. Vous _____ arrivés à Paris à quelle heure ?
12. Nos amis _____ rentrés par le train parce que leur voiture _____ eu une panne.
13. La semaine dernière, il _____ beaucoup plu.
14. Jean-Paul _____ né à Nice en 1986.
15. Ils _____ fait des recherches, mais ils ne _____ rien trouvé.
16. Un enfant _____ tombé de la fenêtre, heureusement il ne se _____ pas blessé.
17. Je me _____ bien reposé après une journée fatigante.

18. Nous nous _____ promenés dans les rues piétonnes et nous _____ fait du lèche-vitrine.

19. Mon père se _____ couché tôt et il se _____ levé de bonne heure.

20. Luc et Marie se _____ rencontrés l'été dernier à Paris et ils _____ voulu y retourner pour leur voyage de noces.

难点解读

- 复合过去时由助动词 avoir 加过去分词构成（题 1、2 等）；表示位置移动和状态变化的动词则用 être 作助动词（题 7、8 等）。位置移动的动词有 aller, venir, monter, descendre, entrer, sortir, rentrer, retourner, arriver, partir；状态变化的动词有 naître, mourir, devenir, rester, tomber。
- 代词式动词的复合过去时也用 être 作助动词（题 17、18 等）。
- 副词 bien, beaucoup, déjà, encore 在复合过去时中置于助动词和过去分词之间（题 2、9、13 等）。

78 将动词不定式变成复合过去时：

1. Hier soir, à cause de la réunion, on (dîner) _____ très tard.
2. Elle (parler) _____ pendant toute la soirée ; quelle bavarde !
3. Je (attendre) _____ quinze minutes devant chez toi.
4. Vous (lire) _____ le journal d'hier ?
5. Ils (choisir) _____ de partir pour la Grèce.
6. Les Durand (venir) _____ habiter dans ce quartier il y a un an.
7. Nous (descendre) _____ à la station Saint-Michel.
8. Je (recevoir) _____ la facture du téléphone.
9. Ma fille (prendre) _____ froid la semaine dernière.
10. Elle (revenir) _____ de loin ; elle (avoir) _____ un très grave accident.
11. Ils (devenir) _____ fous de la montagne.
12. Sophie (changer) _____ trois fois de robe avant de sortir.
13. Au dessert, on nous (servir) _____ un très bon gâteau au chocolat.
14. Elle (tomber) _____ de son vélo et (se casser) _____ une jambe.
15. Marco et Sophie (réussir) _____ au concours tous les deux.

16. Tout à coup, il (se mettre) _____ à pleuvoir.
17. Quelques touristes (se renseigner) _____ à l'accueil.
18. Le prix de l'essence (augmenter) _____ beaucoup ces dernières années.
19. Je (rencontrer) _____ Madeleine et nous (se parler) _____ un bon moment.
20. Nous (vouloir) _____ rencontrer Gérard Depardieu après le spectacle, mais nous (ne pas pouvoir) _____ le voir.

> **难点解读**
>
> - 复合过去时表示过去时间里发生并完成的动作，中文往往用"过"、"了"等词来表示（题3、4等）。
> - 复合过去时表示的动作，其发生时间可确定也可不确定；动作持续的时间可长可短（题1、2、5等）。
> - 当句中出现 pendant, un jour, d'abord, puis, enfin, tout à coup 等构成的时间状语时，过去时态一般采用复合过去时（题2、16）。
> - 表示瞬间概念的动词在过去时态里通常采用复合过去时（题8、12、14等）。

单元 24

复合过去时的性、数配合

79 将下列各句中的过去分词进行性、数配合：

1. Elle est venu… nous voir avec son cousin.
2. Les voyageurs sont parti… dès le matin.
3. Sophie est resté… à Paris pendant huit jours.
4. La vieille dame est retourné… chercher son sac.
5. Nous sommes rentré… après minuit.
6. Notre fille est né… en 1997.
7. Sa grand-mère est mort… d'une maladie de cœur.
8. Après l'accident, elle est devenu… bizarre.
9. Ma mère est allé… faire des courses.
10. Nous sommes monté… par l'ascenseur.
11. Cette armoire, je l'ai rangé… hier.
12. Jacques a des parents en Amérique, mais il ne les a jamais vu… .
13. Je ne sais pas quelle route ils ont pris… .
14. La femme de ménage est arrivé… en retard à cause du brouillard.
15. La fièvre est tombé… et l'enfant va mieux maintenant.
16. Aline est très fatiguée, elle s'est couché… très tard hier soir.
17. Nous avons fait le voyage ensemble, c'est comme ça que nous nous sommes connu… .
18. Notre voiture s'est bien vendu… .
19. Elle s'est occupé… de son fils malade pendant cinq ans.
20. Les chefs d'État francophones se sont rencontré… .

难点解读

- 以 être 为助动词的不及物动词在复合过去时中，其过去分词应与主语保持性、数一致（题1、2、3等）。
- 在复合过去时中，如果直接宾语位于动词之前，则该动词的过去分词应与直接宾语保持性、数一致（题11、12、13）。
- 表示被动意义和绝对意义的代词式动词在复合过去时中，其过去分词应与主语保持性、数一致（题18、19）；表示自反意义和相互意义的代词式动词，若自反人称代词 se 为直接宾语，则其过去分词与 se 保持性、数一致（题16、17、20）。

80 根据不同情况，将下列各句中的过去分词作相应的性、数配合：

1. Ils ont lavé… leur voiture avant de partir.
2. À quelle heure l'avion est-il arrivé… ?
3. Les enfants ont envoyé… des cartes de vœux à leur grand-mère.
4. Marie est sorti… et allé… à l'aéroport.
5. Je les ai reconnu…, mais je ne leur ai pas parlé… .
6. J'ai acheté… des croissants et j'en ai mangé… deux.
7. Cette traduction ? C'est moi qui l'ai fait… !
8. Je leur ai téléphoné… plusieurs fois sans succès.
9. Ils sont resté… quinze jours chez moi.
10. Françoise est parti… en Allemagne dimanche dernier.
11. Ils se sont installé… à Paris il y a trois ans.
12. Ils se sont téléphoné… hier soir.
13. Marie et Julie se sont promené… sur les quais de la Seine.
14. La bouteille s'est cassé… et tout le lait a coulé dans mon sac.
15. Elle a beaucoup travaillé… et elle s'est couché… vers minuit.
16. Elle s'est demandé… pourquoi son mari ne voulait pas sortir avec elle.
17. La petite fille s'est lavé… les mains avant de passer à table.
18. Nous avons terminé… hier vers minuit, puis nous sommes sorti… prendre un verre.
19. Ils ont couru… l'un vers l'autre, puis ils se sont embrassé… .

20. Nous nous sommes posé… des questions, nous nous sommes interrogé… sur la façon d'apprendre le français.

> **难点解读**
> - 在复合过去时中，如果由连词 et 连接的并列复合句使用同一个助动词，则后一个助动词可以省略（题 4）。
> - 过去分词不与副代词 en 作性、数配合（题 6）。
> - 表示自反意义和相互意义的代词式动词在复合过去时中，如果自反人称代词 se 为间接宾语，其过去分词则无性、数变化（题 12、16、17 等）。

81 将下列短文改用复合过去时，并注意过去分词的性、数配合：

Écoute, Cécile, ça ne va plus du tout !

Je t'invite au restaurant, je t'attends pendant une demi-heure, je t'écoute pendant tout le repas ; au dessert, tu aperçois tes amis, tu les invites à notre table pour prendre le café, je vous écoute pendant vingt minutes sans rien dire, je paie l'addition ; et quand nous sortons, tu les accompagnes au cinéma et tu me laisses tout seul !

→ Écoute, Cécile, ça ne va plus du tout !

Je t'ai invitée au restaurant, …

Ce matin, Annie se réveille tôt. Elle se prépare rapidement : elle s'habille et elle se coiffe en dix minutes. Elle se dépêche de prendre son petit déjeuner, puis elle va à son rendez-vous d'embauche. Elle marche longtemps, mais elle se trompe de rue deux fois et elle se perd. Elle se renseigne dans un bar et elle retrouve son chemin, mais elle arrive en retard. Elle s'excuse, mais pendant l'entretien, elle s'énerve et elle s'exprime très mal. Elle rentre chez elle et pleure pendant une demi-heure, puis elle se calme. Elle téléphone à sa meilleure amie et elles bavardent un bon moment. Annie raconte ses aventures et finalement, elles s'amusent beaucoup.

→ Hier matin, Annie s'est réveillée tôt. …

82 将括号里的动词改成现在时、复合过去时或最近过去时：

1. La Terre (tourner) _____ autour du Soleil.
2. Je (payer) _____ mes dettes petit à petit ; je ne gagne pas assez pour régler tout d'un coup.
3. François (perdre) _____ sa place, il est au chômage.
4. Je rentre tard parce que je (faire) _____ un petit détour pour conduire Christine chez elle.
5. Il (se mettre) _____ toujours à la même place pour pêcher : au pied d'un grand arbre.
6. Dans cet immeuble, il n'y (avoir) _____ que deux appartements par étage.
7. Maintenant que je vous (présenter) _____ les avantages et les inconvénients du projet, à vous de décider.
8. Ces touristes arrivent en retard : le train (venir) _____ de partir.
9. Elle est actrice, elle (jouer) _____ déjà dans plusieurs films.
10. Pierre ne sait vraiment rien, je me demande ce qu'on lui (apprendre) _____ à l'école.
11. Enlève cette valise du couloir, elle (gêner) _____ pour passer.
12. Il (venir) _____ de perdre sa femme dans un accident d'auto.
13. Je (passer) _____ la matinée à faire le ménage et je suis fatiguée.
14. Si vous (avoir) _____ soif, ne vous gênez pas : il y a de quoi boire dans le réfrigérateur.
15. Tu n'as rien entendu ? Je crois qu'on (frapper) _____ à la porte.
16. La conférence (venir) _____ de commencer quand il entre dans la salle.
17. Allume ton briquet, je n'y (voir) _____ rien dans cette cave.
18. Attendez-moi ici ; je (revenir) _____ dans deux minutes.
19. Je (voir) _____ seulement le début du film, je ne peux pas te le raconter.
20. Courage ! dans une heure, nous (être) _____ hors de danger !

难点解读

- 现在时表示现在正发生的事情（题 2）、习惯性的动作（题 5）和经常性或现时的一种现象（题 6）；现在时也可以表示客观真理（题 1）。
- 现在时可用于 si 引导的条件从句中（题 14），还可以表示即将发生的动作，多见于口语（题 18、20）。

单元 25

直接问句和间接问句

83 将下列直接问句转换成间接问句：

1. Que faites-vous le week-end ?
   → Je vous demande …

2. Que prends-tu comme boisson ?
   → Je te demande …

3. Que veux-tu pour Noël ?
   → Je te demande …

4. Qu'est-ce que vous lisez en ce moment ?
   → Je vous demande …

5. Qu'est-ce qui vous intéresse dans la vie ?
   → Il lui demande …

6. Qu'est-ce qui vous amuse dans cette histoire ?
   → Il lui demande …

7. Qu'est-ce qui s'est passé dans la rue ?
   → Il lui demande …

8. Qu'est-ce qui est tombé par terre ?
   → Il lui demande …

9. Connaissez-vous ce chanteur ?
   → Elle demande …

10. Aimez-vous la musique classique ?
    → Elle demande …

11. Pouvez-vous m'aider ?

    → Elle demande ...

12. Qu'est-ce que vous mangez au dîner ?

    → Je demande ...

13. Comment vous appelez-vous ?

    → Je demande ...

14. Pourquoi apprenez-vous le français ?

    → Je demande ...

15. Quand êtes-vous arrivé ?

    → Je demande ...

难点解读

- 间接问句由 qui, quand, où, comment, pourquoi 等疑问词引导宾语从句构成，主句往往是 je demande, dites-moi, savez-vous, je ne sais pas 这一类表达法。
- 疑问短语 qu'est-ce que 在句中提问用作宾语的物，在间接问句中要转换成 ce que（题 1、2 等）。
- 疑问短语 qu'est-ce qui 在句中提问用作主语的物，在间接问句中要转换成 ce qui（题 6、7 等）。
- 无疑问词的间接问句由连词 si 引导（题 9、10 等）。

84 用 ce qui, ce que, si, quand, où, comment, pourquoi, combien, quel 填空：

1. Elle ne sait pas _____ elle gagne exactement.
2. Il me demande souvent _____ son père est absent.
3. Je vous demande _____ vous allez à Marseille : en bateau ou en avion ?
4. Nous ne savons pas _____ nous prendrons nos congés.
5. Le douanier vous demande _____ vous avez à déclarer.
6. Le technicien lui demande _____ ne marche pas bien.
7. Une amie ne comprend pas _____ je prends ma voiture dans Paris.
8. Elle veut savoir _____ d'enfants nous avons.
9. Un enfant me demande _____ je peux l'aider à traverser la rue.

10. Je lui demande _____ il voyage cet été.
11. Dis-moi _____ te fait plaisir pour Noël.
12. Je me demande à _____ heure est le prochain train pour Avignon.
13. On ne sait pas _____ elle veut aller au cinéma.
14. L'agent de police demande _____ le voleur a pu se sauver.
15. Le maître veut savoir _____ livres ses élèves lisent en ce moment.

单元 26

及物动词与介词 à 和 de

85 用介词 à 或 de 填空，并注意及物动词的搭配用法：

1. Passe le journal _____ Pierre, s'il te plaît.
2. Garde le pain sec, on le donne _____ les oiseaux.
3. Je vais dire tout cela _____ mes parents.
4. Il a envoyé une carte de vœux _____ son professeur.
5. Ma mère a fini _____ ranger l'armoire.
6. Alors, je décide _____ changer de métier.
7. Il a choisi _____ travailler dans une société française.
8. J'ai oublié _____ mettre du sel dans la salade.
9. Elle te demande _____ l'accompagner à l'aéroport.
10. Dites-lui _____ venir immédiatement.
11. Je propose à mon ami _____ passer le week-end à la campagne.
12. Dès sept heures, M. Dupont commence _____ travailler.
13. Pensez _____ fermer le gaz avant de sortir.
14. M. Durand a acheté un ordinateur _____ son fils.
15. Le professeur explique _____ les élèves le mouvement de la Terre autour du Soleil.
16. Je vous conseille _____ prendre une assurance contre l'incendie.
17. Sophie veut bien apprendre _____ conduire.
18. Nous avons vendu notre vieille maison _____ un marchand de meubles.
19. Les enfants acceptent _____ pratiquer un sport.
20. M. Leloup interdit à son fils _____ sortir le soir.

> **难点解读**
>
> - 当一个及物动词的直接宾语为物时，往往带有一个指人的间接宾语，该间接宾语通常由介词 à 引导，构成一种较常见的动词用法结构：（动词）qqch à qqn（题 1、2 等）。
> - 当一个及物动词的间接宾语为动词不定式时，该间接宾语通常由介词 de 引导，构成（动词）de faire qqch（题 5、6 等）或（动词）à qqn de faire qqch（题 9、10 等）。
> - 少数动词由介词 à 引出一个动词不定式（题 12、13 等）；该类动词的用法如何识别，无一定规律可循。

86 下列各句中的动词（短语）与介词 à 还是与介词 de 配合使用？

1. Après le déjeuner, il propose une promenade _____ ses invités.
2. J'ai demandé mon chemin _____ un marchand de journaux.
3. La vieille dame n'arrête pas _____ parler.
4. Je refuse _____ rester dans cette situation.
5. Tout à coup, il s'est mis _____ pleuvoir.
6. Pour ce renseignement, adressez-vous _____ l'hôtesse.
7. Je regrette _____ ne pouvoir vous rendre ce service.
8. Elle m'encourage _____ continuer ce travail.
9. J'aide ma mère _____ faire la cuisine.
10. Il a présenté sa petite amie _____ ses parents.
11. Je vous promets _____ être là à huit heures.
12. Le malade a besoin _____ se reposer.
13. Ce soir, j'ai envie _____ manger au restaurant.
14. Vous avez raison _____ ne pas sortir par ce mauvais temps.
15. Nous voulons parler de notre projet _____ le directeur.
16. Dans le métro, j'ai vu un jeune homme offrir sa place _____ une vieille dame.
17. Mathieu, dépêche-toi _____ rentrer, tes parents te cherchent partout.
18. Elle a peur _____ manquer le dernier métro.
19. Je suis fatiguée, je vous prie _____ ne pas faire de bruit.
20. Françoise ne veut pas aller dans le jardin, elle a peur _____ le chien.

难点解读

- 表示鼓励、促使、帮助等意义的动词，其直接宾语为人，再由介词 à 引导动词不定式，形成（动词）qqn à faire qqch 的结构（题 8、9）。
- 动词短语由动词加不带冠词的名词构成；不少动词短语可以由介词 de 引出一个名词或动词不定式（题 13、14、20 等）或由介词 à 引出一个指人的间接宾语，如 faire plaisir à qqn, faire mal à qqn 等。

中级法语
语法自习自测
NIVEAU INTERMÉDIAIRE
EXERCICES DE GRAMMAIRE

单元 1

未完成过去时

1 将下列各句中的现在时改成未完成过去时：

1. Quand j'ai treize ans, je suis gros et j'ai des boutons.
2. J'habite dans une tour de trente étages.
3. M. Dupont ne connaît pas ses voisins.
4. Tu vas à ton travail en voiture ou en métro ?
5. Le soir, nous regardons la télévision.
6. Ils veulent savoir où tu es.
7. Quand il prépare son examen de maths, il sort rarement.
8. À Paris, nous déjeunons toujours dans un petit restaurant du Quartier latin.
9. Vous voyagez souvent par le train quand vous êtes jeune ?
10. Le soleil brille, la mer est bleue. Il y a des bateaux au loin.
11. Le restaurant est vide. Seul un couple mange au fond de la salle.
12. Je te vois presque tous les matins à l'arrêt du bus.
13. Il pleut depuis quelques jours, nous n'avons pas envie de sortir.
14. Les enfants mettent de beaux vêtements le dimanche.
15. Il faut mettre beaucoup de temps pour aller d'une ville à l'autre.

难点解读

○ 未完成过去时由直陈式现在时第一人称复数去掉词尾 -ons，依次换上词尾 -ais, -ais, -ait, -ions, -iez, -aient 构成，如 nous parlons → je parlais, nous parlions 等；仅动词 être 的变位属于例外：j'étais, nous étions 等。

- 以 -ger 结尾的第一组动词，变位时因读音关系，要在第一、第二人称单数及第三人称单、复数的词尾前加字母 e，如 je voyageais；同样，以 -cer 结尾的第一组动词，变位时要在字母 c 下加变音符，如 je commençais。
- 无人称动词 falloir 和 pleuvoir 的未完成过去时变位分别为 il fallait 和 il pleuvait。

2 将下列各句中的动词不定式改成未完成过去时，并说出它的各种用法：

1. Je (lire) _____ mon journal quand j'ai entendu un cri.
2. Nous (se préparer) _____ à sortir quand on a sonné.
3. Avant son régime, elle (manger) _____ trop de féculents.
4. Martine a changé d'emploi car elle (s'entendre) _____ très mal avec son patron.
5. Je (vouloir) _____ savoir s'il vous (rester) _____ des places pour ce week-end.
6. Mon père (regarder) _____ la télévision presque tous les soirs.
7. Quand je (être) _____ petit, je (aller) _____ au cinéma une fois par mois.
8. Il (pleuvoir) _____. Au lieu de nous promener, nous sommes allés au cinéma.
9. Elle (avoir) _____ de longs cheveux blonds et un sourire triste.
10. À cette époque, nous (avoir) _____ un tout petit appartement, nous (ne pas avoir) _____ d'argent, mais nous (être) _____ heureux !
11. Je (être) _____ gêné, je (ne pas savoir) _____ quoi dire.
12. Avant, je (ne pas aimer) _____ le fromage, maintenant, je l'adore.
13. Comme il (ne pas se sentir) _____ bien, Marco est rentré chez lui.
14. Sophie t'a demandé ce que tu (vouloir) _____ comme cadeau pour ton anniversaire.
15. Autrefois, il (falloir) _____ plusieurs jours pour aller de Paris à New York.
16. À ce moment-là, les gens (se servir) _____ de l'ordinateur pour travailler ?
17. Pendant que je (marcher) _____ sur le trottoir, j'ai trouvé cette bague.
18. Quelqu'un m'a appelé au moment où je (traverser) _____ la rue.
19. Il n'y a pas très longtemps, on (circuler) _____ à cheval dans cette région.
20. Ils ont déménagé parce qu'ils (attendre) _____ un enfant.

> **难点解读**
>
> - 未完成过去时表示过去时间里一个起始和结束时间不明确或正在进行中的动作，具有"当时"、"正在"的含义；具体用法如下：
>   a. 当过去的一个动作发生时正在延续着的另一个动作（题1、2）。
>   b. 过去时间里一个起始时间不明确、延续进行的动作（题3、4）。
>   c. 过去时间里重复发生或具有习惯性的动作（题6、7）。
>   d. 描写过去时间里的人物、景色、介绍故事的背景（题8、9）。
> - 状态动词 avoir 和 être、情感动词 aimer, adorer 以及 savoir，在过去时态里用未完成过去时的概率很高（题10、11、12）。
> - 句子含有 avant, autrefois, à ce moment-là 等时间状语时，谓语动词通常用未完成过去时（题15、16）。
> - 在连词短语 pendant que, au moment où 等引导的时间状语从句中，过去时态使用未完成过去时（题17、18）。
> - 表示动作的动词常可通过未完成过去时来表示一种现象或现状（题19、20）。

3 将括号里的动词改成复合过去时或未完成过去时：

1. Quand je (être) _____ petit, je (avoir) _____ peur du noir.
2. Quand elle (travailler) _____ au pair à Paris, elle avait peu de temps libre.
3. Pour mieux dormir, le médecin lui (conseiller) _____ de prendre des repas légers le soir.
4. Marco lui a offert la bague qu'elle (regarder) _____ si souvent.
5. Le gardien a fait une exception pour nous, il nous (laisser) _____ entrer.
6. Le policier lui demande ce qu'il (faire) _____ hier à cinq heures.
7. Quand nous étions à la mer, nous (se baigner) _____ tous les jours.
8. Il (faire) _____ nuit, on (avoir) _____ peur. Tout à coup, on a entendu un cri terrible.
9. Chaque fois que mon père (parler) _____, tout le monde se taisait.
10. Avant, je (acheter) _____ toujours *le Figaro*. Un jour, je (acheter) _____ *France-Soir*. Maintenant, j'achète toujours *France-Soir*.
11. Il (pleuvoir) _____ très fort quand nous sommes partis.
12. Votre père était un médecin remarquable : tout le monde le (admirer) _____.

13. Tout le monde (parler) _____, mais quand je suis entré, les conversations se sont arrêtées.
14. J'ai vu dans la rue deux hommes qui (se battre) _____ et personne ne les (séparer) _____.
15. La pièce était drôle, on (rire) _____ du début à la fin.
16. Le voyage était fatigant, nous (rouler) _____ toute la nuit.
17. L'enfant (faire) _____ des exercices pendant que sa mère préparait le dîner.
18. Nous avons pris une semaine de vacances. Je (vouloir) _____ aller chez mes parents, dans le Midi. Mais nous (ne pas pouvoir) _____ parce que ma femme était malade.
19. Il a demandé à Anne si elle (vouloir) _____ partir avec lui en Italie.
20. Hier après-midi, Marco a vu Sophie. Elle (se promener) _____ avec Luc au jardin du Luxembourg.
21. Mon ami (partir) _____ en France il y a une semaine.
22. Il y a un an, je (avoir) _____ beaucoup de problèmes dans mes études.
23. Il (pleuvoir) _____ depuis une semaine et brusquement le soleil est revenu.
24. Ça faisait une heure que la police le (attendre) _____ ; quand il est sorti, trois agents ont sauté sur lui.
25. Elle (aller) _____ à la banque pour retirer de l'argent.
26. Son fils (ne pas aller) _____ bien ; elle a appelé le médecin.
27. Quand je suis entré dans la salle, tout le monde était assis et (attendre) _____.
28. La police lui (retirer) _____ son permis de conduire pour un mois.
29. Je (ne pas connaître) _____ encore la fille de mon voisin, seulement son prénom : Martine.
30. Je (rencontrer) _____ Léa à la sortie du métro. Ce (être) _____ le soir. Il (pleuvoir) _____. Elle (marcher) _____ devant moi. Elle (sembler) _____ triste. Tout à coup, elle (glisser) _____.

难点解读

- 当句子带有确切的时间状语时，过去时态往往采用复合过去时（题 15、16）。
- 能愿动词 pouvoir 和 vouloir 在含转折、因果关系的句子里，过去时态常常用复合过去时（题 18）；否则，用未完成过去时（题 19）。
- 未完成过去时表示持续性的动作，可以通过上下文加以体现（题 20）。

- 当句中有 il y a 构成的时间状语时，如谓语为"瞬间"动词，须采用复合过去时（题21），若是状态动词，则用未完成过去时（题22）。
- 未完成过去时可以与介词 depuis 及 ça faisait... 结构配合使用（题23、24）。
- 有些动词采用不同的（过去）时态会产生不同的词义，比如 aller，意为"去"时一般采用复合过去时，而表示健康状况时则大多使用未完成过去时（题25、26）。

4 将下列短文改用过去时态：

Je suis (　) à la terrasse d'un café près de l'Opéra. Il fait (　) très beau. J'attends (　) une amie. Je regarde (　) les passants. Il n'y a pas (　) beaucoup de monde. Soudain, je remarque (　) une femme sur le trottoir d'en face. Le feu passe (　) au vert, puis au rouge et de nouveau au vert, mais elle reste (　) immobile, comme une statue. Elle est (　) grande, très pâle et elle semble (　) fatiguée. Tout à coup, une voiture s'arrête (　) devant elle. Un homme sort (　). Il porte (　) une petite valise. Il est (　) brun et il a (　) de petites moustaches. Il a (　) l'air dangereux. Je suis (　) un peu inquiet. Il tend (　) la valise à la dame et il repart (　) tout de suite. Mais je ne vois pas (　) la suite parce que mon amie arrive (　), elle m'embrasse (　) et elle s'asseoit (　) en face de moi. Quand je tourne (　) la tête, la femme n'est plus (　) là.

5 将下列短文中的动词不定式改成复合过去时或未完成过去时：

Je (aller) au restaurant avec mes amis et je (payer) avec ma carte bleue. Quelques jours plus tard, quand je (vouloir) retirer de l'argent, le distributeur de billets (refuser) mon code. Je (recommencer) et, à ma grande surprise, le distributeur (avaler) ma carte. Je (entrer) furieux dans l'agence et je (expliquer) la situation. Quand je (donner) le nom, l'employée me (regarder) étonnée et même un peu soupçonneuse : la carte (porter) le nom d'un autre ! Ce (être) une carte de crédit identique à ma carte, et ça (faire) plus d'une semaine que je la (utiliser). Ce (être) une erreur du serveur du restaurant. Un autre homme (posséder) donc ma carte. Je (espérer) seulement que ce (être) quelqu'un de raisonnable, comme moi. Ce qui (être) sûr, en tout cas, c'est qu'il (être) aussi distrait que moi.

Je (se lever) à cinq heures pour aller à l'aéroport. Je (prendre) une douche et je (boire) un café. Quand je (sortir) dans la rue, il (faire) encore noir et il (pleuvoir). Je (appeler) un taxi. Le chauffeur (sembler) nerveux. Il (parler) tout seul et il (fumer) sans interruption. Je (commencer) à tousser, mais il me (jeter) un tel regard dans le rétroviseur que je (s'arrêter) tout de suite. Quand je (vouloir) ouvrir la vitre, il (se retourner) et me (dire) qu'il (avoir) la grippe et que je (devoir) rester tranquille. Le chauffeur (rouler) de plus en plus vite et il (brûler) les feux rouges. Je lui (dire) de ralentir, mais il me (regarder) d'un air si féroce que je (abandonner). Je (fermer) les yeux pour ne pas voir la route qui (défiler) à toute allure. Nous (arriver) en quelques minutes à l'aéroport. Je (sortir) du taxi. Je (payer) en vitesse, sans regarder le chauffeur. Mes jambes (trembler) et me (porter) difficilement. Je (avoir) les mains glacées. Je (se diriger) directement vers le bar où je (prendre) deux cognacs pour me détendre.

单元 2 简单将来时

6 将括号里的动词改成简单将来时：

1. L'année prochaine, nous (acheter) _____ une nouvelle voiture.
2. D'ici deux ans, ils (ne plus habiter) _____ à cette adresse.
3. Je (avoir) _____ le temps de visiter l'exposition de peinture.
4. Tu (voir) _____ un jour que ta mère avait raison.
5. Pierre (être) _____ surpris d'apprendre cette nouvelle.
6. Nous (aller) _____ au carnaval de Venise l'année prochaine.
7. Si je gagne au loto, je (pouvoir) _____ prendre ma retraite.
8. Sophie (venir) _____ au cinéma avec nous.
9. Je (faire) _____ de mon mieux pour réussir au concours.
10. Vous (avoir) _____ les résultats du bac dans quelques jours.
11. Il (falloir) _____ partir de bonne heure pour y arriver avant la nuit.
12. Vous (savoir) _____ la vérité si vous posez la question à Rose.
13. Tu (faire) _____ un résumé de ce texte.
14. D'après la météo, il (pleuvoir) _____ après-demain.
15. Les étudiants (devoir) _____ préparer leurs leçons.

难点解读

○ 简单将来时由动词不定式依次加上词尾 -ai, -as, -a, -ons, -ez, -ont 构成，例如 parler：je parlerai, tu parleras, il parlera, nous parlerons, vous parlerez, ils parleront。

- 少数不规则动词的简单将来时有特殊的变位形式，常见的有 avoir : j'aurai ; être : je serai ; aller : j'irai ; faire : je ferai ; venir : je viendrai ; voir : je verrai ; pouvoir : je pourrai ; vouloir : je voudrai ; savoir : je saurai ; falloir : il faudra ; pleuvoir : il pleuvra。

7 将下列短信中出现的现在时根据需要改用简单将来时：

Salut Léa !

  Comment vas-tu ? Moi, ça va très bien. Dans six mois, j'ai ma licence d'économie. Adieu les études ! Je ne vais plus à la fac. D'abord, je pars en vacances avec ma copine. Je crois qu'on va au Mexique pour rendre visite à Roberto. On reste un mois là-bas et après je rentre à Paris.

  À mon retour, je cherche un travail et je peux enfin quitter mes parents ! J'ai mon appartement et je fais ce que je veux.

  Bon, c'est vrai que je dois aussi payer les factures, mais la liberté a un prix !

  J'espère que tu viens me voir quand j'habite seul.

  À bientôt,

                 Jacques

8 下列各句中的动词不定式须用简单将来时还是最近将来时？

1. Quand je (parler) _____ bien français, je (faire) _____ un beau voyage en France.
2. Elle (ne jamais se marier) _____. Dans vingt ans, elle (être) _____ toujours seule.
3. L'assistante me dit que le directeur (s'occuper) _____ de moi dans une minute.
4. Vous vous connaissez depuis une semaine et vous (se marier) _____ ?
5. Quand tu (avoir) _____ 18 ans, tu (faire) _____ ce que tu (vouloir) _____ .
6. Je suis convaincu qu'on (trouver) _____ le vaccin contre le Sida.
7. Entre une seconde, je te (préparer) _____ un café.
8. Mets la radio, on (écouter) _____ les informations.

9. Faites attention, vous (tomber) _____ !
10. C'est vrai ce qu'on m'a dit ? Diane (partir) _____ demain ?
11. J'arrive ! D'abord, je (boire) _____ un café pour me réveiller.
12. Dépêchez-vous, nous (rater) _____ le train !
13. À quarante ans, tu (être) _____ riche !
14. J'espère qu'il (avoir) _____ une bonne note à son devoir de maths.
15. Dans deux ans, nous (fêter) _____ nos noces d'or.
16. J'ai mal à la tête, je (voir) _____ le médecin.
17. Vous (prendre) _____ la première rue à gauche, puis vous allez tout droit.
18. Vous (remettre) _____ cette lettre au chef du personnel.
19. S'ils doivent rester à Paris, ce (être) _____ pour peu de temps.
20. On (voir) _____, en fonction du temps, si on va à la campagne ou au cinéma.

难点解读

- 简单将来时表示将发生的动作、时间离现在可近可远（题1、10等）。
- 最近将来时表示即将发生的动作（题3、9等）；相对简单将来时而言，最近将来时所表示的动作较为迫切（题4、7、8等）。
- 最近将来时具有"去做……"的含义（题16）。
- 简单将来时可以代替命令式，表示建议（题17）和命令（题18），使语气婉转。
- si 引导的从句用现在时，表示结果的主句用简单将来时（题19）。

9 将括号里的动词改成现在时、简单将来时、复合过去时或未完成过去时：

Je ne sais pas si je (reconnaître) _____ Stefania quand je la (voir) _____ ; ça fait plus de dix ans que je (ne pas la voir) _____. Ce (être) _____ dans les années 80 : à cette époque-là, elle (aller) _____ à l'université à moto, elle (porter) _____ un pantalon et des bottes de cuir noir et ce (ne pas être) _____ une femme d'affaires. On dit qu'elle (travailler) _____ maintenant dans une compagnie d'assurances et qu'elle (se marier) _____ avec un Chinois. Elle (arriver) _____ de Rome avec son mari et ils (passer) _____ quelques jours chez moi. Je (aller) _____ les chercher demain soir à l'aéroport d'Orly.

单元 3

先将来时

10 将括号里的动词改成简单将来时或先将来时：

1. Je (faire) _____ des crêpes quand je (terminer) _____ le pot-au-feu.
2. Tu (regarder) _____ la télé quand tu (faire) _____ tes devoirs.
3. Le garçon (apporter) _____ la carte lorsqu'il (mettre) _____ le couvert.
4. Nous (s'acheter) _____ une voiture neuve quand nous (gagner) _____ assez d'argent.
5. On (régler) _____ la facture aussitôt qu'on la (recevoir) _____.
6. Quand tu (finir) _____ ce livre, tu (pouvoir) _____ me le prêter ?
7. Quand il (trouver) _____ un emploi, il (se marier) _____ avec Lucie.
8. Lorsque je (ouvrir) _____ un compte, j'y (verser) _____ cette somme d'argent.
9. Dès que nous (apprendre) _____ les résultats, nous vous (prévenir) _____.
10. Aussitôt qu'ils (se mettre) _____ d'accord, ils (signer) _____ le contrat.
11. Téléphonez-moi quand vous (réfléchir) _____ à ma proposition.
12. Ne vous inquiétez pas : je (finir) _____ avant ce soir.
13. Elle (recevoir) _____ une réponse avant son départ.
14. Quand ils (arriver) _____, nous (partir) _____ déjà.
15. Lorsque tu (revenir) _____, tu verras, beaucoup de choses (changer) _____.

> **难点解读**
>
> - 先将来时由助动词 avoir 或 être 的简单将来时变位形式加过去分词构成，如 parler : j'aurai parlé, nous aurons parlé ; aller : je serai allé, nous serons allés 等。
> - 先将来时通常用于 quand, lorsque, dès que, aussitôt que 等引导的时间状语从句中，主句用简单将来时，表示在另一将来动作之前先完成的动作（题1、2等）。
> - 先将来时也可用于主句，从句用简单将来时（题14、15）；有时，先将来时用于独立句，并带有介词 avant 构成的时间状语（题12、13）。
> - 如果从句用先将来时，主句也可用命令式来代替简单将来时（题11）。

11 将括号里的动词改成现在时、最近将来时、简单将来时或先将来时：

1. Son père (être) _____ ouvrier depuis très longtemps.
2. Quand tu viendras à Paris, tu (pouvoir) _____ loger chez nous : nous avons une chambre d'ami.
3. Dépêche-toi, le train (partir) _____ dans dix minutes.
4. Ça fait deux jours que je (chercher) _____ la clef du vélo, et je ne la trouve pas.
5. Je crois que c'est inutile d'insister, il (ne pas changer) _____ d'avis.
6. Quand vous (lire) _____ l'article, vous me direz ce que vous en pensez.
7. Françoise espère que le directeur (accepter) _____ son projet, elle y a beaucoup travaillé.
8. Rapproche-toi de tes frères, sinon tu (ne pas être) _____ sur la photo.
9. Quand elle (finir) _____ de chanter, tout le monde applaudira.
10. Les touristes (arriver) _____ dans un instant.
11. Je vais chez Jacques, s'il n'est pas là, je lui (laisser) _____ un mot.
12. Il est déjà tard, ils (manger) _____ certainement lorsqu'ils arriveront.
13. Elle (emmener) _____ son fils à l'école et elle rejoindra ses amis au café.
14. À peine (arriver) _____ -il qu'il ira se baigner dans la mer.
15. L'année prochaine, nous (repeindre) _____ la chambre.
16. Voilà les arbitres : le match (commencer) _____ bientôt.
17. Venez dans mon bureau quand vous (terminer) _____ votre travail.

18. Attention, le verre (tomber) _____ !
19. Nous (terminer) _____ d'ici dix minutes.
20. Mes devoirs ne sont pas difficiles, je les (terminer) _____ vite.

难点解读

- sinon 后接句子常常用简单将来时（题 8）。
- 先将来时不宜用于由连词 et 连接的并列句（题 13）。
- 连词短语 à peine ... que 引导的从句须采用主、谓语倒装词序（题 14）。
- 先将来时伴随时间状语 vite 或 bientôt，可以表示将迅速完成的动作（题 20）。

单元 4

过去最近将来时和过去最近过去时

12 用过去最近将来时完成句子：

1. Paul me dit qu'il va partir en vacances avec ses copains.
   → Paul m'a dit que …

2. Pierre me dit qu'il va faire un tour en Chine.
   → Pierre m'a dit que …

3. Mon ami me dit que Marco et Sophie vont se marier.
   → Mon ami m'a dit que …

4. La radio annonce qu'il va pleuvoir.
   → La radio a annoncé que …

5. Anne me dit ce qu'elle va faire la nuit.
   → Anne m'a dit ce que …

6. Sophie me montre ce qu'elle va offrir à son ami.
   → Sophie m'a montré ce que …

7. Mon père me montre la voiture que nous allons acheter.
   → Mon père m'a montré la voiture que …

8. Michel m'indique l'autoroute qu'il va prendre.
   → Michel m'a indiqué l'autoroute que …

9. Je vais sortir quand le téléphone sonne.
   → Je …   quand le téléphone a sonné.

10. Nous allons partir quand il se met à pleuvoir.

→ Nous … quand il s'est mis à pleuvoir.

难点解读

- 过去最近将来时由助动词 aller 的未完成过去时变位形式加动词不定式构成，如 partir : j'allais partir, nous allions partir 等。
- 过去最近将来时表示在过去某一时间内即将发生的动作。

13 用过去最近过去时完成句子：

1. L'avion vient de partir quand j'arrive à l'aéroport.
   → L'avion … quand je suis arrivé à l'aéroport.
2. Le téléphone vient de sonner quand j'ouvre la porte.
   → Le téléphone … quand j'ai ouvert la porte.
3. Nous venons de dîner quand Sophie arrive avec Marco.
   → Nous … quand Sophie est arrivée avec Marco.
4. Le malfaiteur vient de se sauver quand la police arrive sur place.
   → Le malfaiteur … quand la police est arrivée sur place.
5. Paul entre dans la salle ; le film vient de commencer.
   → Paul est entré dans la salle ; le film …
6. Ils arrivent en retard ; le train vient de partir.
   → Ils sont arrivés en retard ; le train …
7. La rue est glissante ; il vient de pleuvoir.
   → La rue était glissante ; il …
8. Je lis le magazine qu'elle vient de m'apporter.
   → J'ai lu le magazine qu'elle …
9. L'enfant casse le jouet que son père vient de réparer.
   → L'enfant a cassé le jouet que son père …
10. Pierre et Marie mangent des crêpes que leur mère vient de faire.
    → Pierre et Marie ont mangé des crêpes que leur mère …

> **难点解读**
>
> - 过去最近过去时由助动词 venir 的未完成过去时变位形式加介词 de 加动词不定式构成，如 sortir : je venais de sortir, nous venions de sortir 等。
> - 过去最近过去时表示在过去某一时间内刚发生并完成的动作。

14 将括号里的动词改成过去最近将来时、过去最近过去时、复合过去时或未完成过去时：

1. Comme j'ai grossi pendant les vacances ! Je (prendre) _____ cinq kilos.
2. Mon copain m'a dit qu'il (aller) _____ acheter un ordinateur portable.
3. Sophie m'a montré un sac de marque qu'elle (venir) _____ d'acheter chez Lanvin.
4. J'ai aperçu Jacques au café, mais j'ai eu l'impression qu'il (vouloir) _____ m'éviter.
5. Il a plu cette nuit, et les fauteuils qu'on (laisser) _____ dehors sont tout humides ce matin.
6. Le train (aller) _____ partir quand je suis arrivé à la gare.
7. Paul n'a plus son permis de conduire : la police le lui (retirer) _____.
8. La pendule (venir) _____ de sonner trois coups quand Françoise s'est réveillée.
9. Quand ils se sont mariés, ils (avoir) _____ juste un lit, une table et quatre chaises.
10. Paul a été en retard, nous (aller) _____ commencer sans lui.
11. Autrefois, toute la famille (se réunir) _____ le dimanche, aujourd'hui on ne le fait plus.
12. Il est entré un large sourire aux lèvres : il (venir) _____ de réussir à son examen.
13. Il est arrivé quand je partais, ou plutôt quand je (aller) _____ partir.
14. Tu as appelé trop tôt : ton coup de téléphone nous (réveiller) _____.
15. Elle est tombée et a cassé tous les œufs qu'elle (venir) _____ d'acheter.

单元 5

愈过去时

15 将括号里的动词改成愈过去时：

1. Il a dit qu'il (travailler) _____ dans une société française.
2. Elle a répondu qu'elle (se tromper) _____ de numéro de téléphone.
3. J'ai perdu le stylo que ma mère me (offrir) _____ pour mon anniversaire.
4. L'étranger a reconnu le jeune homme qui le (aider) _____ beaucoup.
5. Martine était contente parce qu'elle (apprendre) _____ une bonne nouvelle.
6. M. Dupont était fatigué parce qu'il (travailler) _____ toute la nuit.
7. Quand mon père est rentré, ma mère (préparer) _____ déjà le dîner.
8. Ils (vendre) _____ leur appartement quand j'ai voulu l'acheter.
9. Chaque fois qu'il (voir) _____ un film français, il m'en parlait toujours.
10. Chaque fois qu'ils (finir) _____ leurs devoirs, ils jouaient dans la cour.
11. Pierre m'a dit qu'il (faire) _____ un rêve étrange.
12. Sophie a retrouvé l'agenda qu'elle (perdre) _____ la semaine dernière.
13. Marie ne se sentait pas bien parce qu'elle (manger) _____ trop de chocolat.
14. Nous n'avons pas reconnu notre ancien professeur : il (vieillir) _____ beaucoup.
15. L'enfant (préparer) _____ ses leçons lorsque le professeur de piano est arrivé.

难点解读

○ 愈过去时由助动词 avoir 或 être 的未完成过去时变位形式加动词的过去分词构成，如 parler : j'avais parlé, nous avions parlé ; aller : j'étais allé, nous étions allés 等。

- 愈过去时与复合过去时、未完成过去时等过去时态配合使用，表示在该动作之前发生并完成的另一过去动作。
- 愈过去时常见于从句（题1、3、5等），但也可用于主句（题7、8）。
- 愈过去时与未完成过去时配合，可以表示反复或习惯性的动作（题9、10）。

16 将括号里的动词改成复合过去时、未完成过去时、愈过去时或过去最近过去时：

1. Je les (compter) _____, il y avait quinze présents à la réunion.
2. Le chauffeur n'est pas entièrement responsable de l'accident : la rue (être) _____ très mal éclairée.
3. J'ai eu de la peine à trouver ta maison, tu me (expliquer) _____ mal le chemin.
4. Quand nous étions petits, nous (mettre) _____ nos chaussures au pied de l'arbre de Noël.
5. Je ne me souviens pas de mon grand-père : il (mourir) _____ quand j'avais trois ans.
6. Le facteur (venir) _____ de passer quand Marie est descendue chercher le courrier.
7. Ma valise était tellement lourde que je (casser) _____ la poignée.
8. C'est par hasard que j'ai appris son accident, personne ne nous (prévenir) _____.
9. Je ne connais pas le garçon que nous (rencontrer) _____ tout à l'heure.
10. Que (faire) _____-tu quand je t'ai téléphoné ?
11. Chaque fois qu'il (finir) _____ son cours, il montait dans la salle de lecture.
12. Ses parents (se séparer) _____, et il vit avec sa mère.
13. Nous (venir) _____ juste de rentrer à la maison quand Claude nous a téléphoné.
14. Les journaux n'ont pas dit comment on (arrêter) _____ le voleur.
15. La terre était toute blanche : il (neiger) _____ toute la nuit.
16. Marco et Sophie (se rencontrer) _____ régulièrement avant leur mariage.
17. Je me suis aperçu qu'on me (voler) _____ mon portefeuille.
18. On était tous assis dans le salon à discuter et tout à coup Marie (se mettre) _____ à pleurer.
19. Elle n'a pas reconnu, parmi les dix personnes, le bandit qui lui (prendre) _____ son sac.
20. On l'a mis en prison : il (faire) _____ une fausse signature sur un chèque.

单元 6

基础时态综合

17 将括号里的动词改成合适的时态：

1. On se demande à quoi tu (s'intéresser) _____, tu n'aimes ni le sport, ni la musique, ni le cinéma.
2. Ne l'attendons pas, il (arriver) _____ sûrement en retard.
3. Si le manteau ne vous (convenir) _____ pas, vous pourrez toujours l'échanger.
4. Regarde-moi, je (changer) _____ beaucoup ?
5. Quand j'étais petit, je (avoir) _____ les cheveux courts, maintenant ils sont longs.
6. Les employés (toucher) _____ leur salaire à la fin de chaque mois.
7. Mets tes gants, sinon tu (avoir) _____ froid aux mains.
8. Je l'ai rencontrée hier, elle (se promener) _____ sur le quai de la Seine.
9. Il paraît qu'on (aller) _____ transformer ce terrain en jardin public.
10. Elle m'a dit qu'elle (aller) _____ partir en mission le soir même.
11. Madeleine est allée chercher les livres qu'elle (commander) _____.
12. Au moment où je (entrer) _____, j'ai entendu qu'on parlait de moi.
13. C'est vrai qu'avec une carte d'étudiant on (avoir) _____ droit à une réduction.
14. La police (tirer) _____, le bandit a été tué sur le coup.
15. Le réveil n'a pas sonné ce matin, tu le (remonter) _____ hier ?
16. Jusqu'à huit ans, j'ai cru que le Père Noël (exister) _____.
17. Quelques étudiants arrivent en retard, la classe (venir) _____ de commencer.
18. Pierre a téléphoné, il a dit qu'il (venir) _____ peut-être demain.

19. Quand je suis entré dans la salle, tout le monde (arriver) _____.
20. Jacques (venir) _____ juste de partir quand nous sommes arrivés.
21. M. Leloup (boire) _____ tellement qu'il était complètement ivre.
22. La vitesse (être) _____ limitée à 90 km à l'heure sur cette route à deux voies.
23. Vous (remettre) _____ cette lettre au directeur de l'usine.
24. Cette année, la mode (être) _____ aux jupes longues et larges.
25. Chantal a lu la lettre, puis, furieuse, elle la (déchirer) _____.
26. Si Paul te (demander) _____ ton numéro de téléphone, c'est parce qu'il a envie de te revoir.
27. Suivez la direction indiquée sur les panneaux, vous (ne pas risquer) _____ de vous tromper.
28. Les œuvres de ce peintre (être) _____ rassemblées à Paris : il faut aller visiter son exposition.
29. Les enfants nous (accueillir) _____ avec des cris de joie : on apportait des cadeaux.
30. Au fur et à mesure qu'il (lire) _____, il comprenait de moins en moins.
31. Madame Delon (aller) _____ se mettre à table lorsque le téléphone a sonné.
32. Je (ne pas manger) _____ depuis hier, j'ai très faim !
33. Si seulement il (faire) _____ beau l'après-midi !
34. Cette histoire remonte aux temps où nous (être) _____ encore étudiants.
35. Après le dîner, Mme Dupont (sortir) _____ avec sa fille.
36. Mon père (sortir) _____ déjà la voiture du garage ; nous sommes prêts à partir.
37. La mère était affolée : elle (perdre) _____ sa petite fille dans le magasin.
38. Je (passer) _____ sous vos fenêtres et j'ai vu de la lumière, alors je suis monté.
39. Le garçon (monter) _____ déjà toutes les valises dans les chambres.
40. Quand nous sommes entrés, il nous a jeté un regard indifférent comme s'il ne nous (connaître) _____ pas.

难点解读

- si ... c'est parce que 意为 "之所以……，是因为……"，si 不表示条件，而是指结果，故谓语动词所用时态根据意思而定（题26）。

- 连词短语 au fur et à mesure que 意为"随着"，引出的从句若为过去时态，则采用未完成过去时（题 30）。
- monter, descendre, sortir 和 rentrer 可以用作及物动词，复合过去时用 avoir 作助动词（题 36、39）。
- comme si 可以与未完成过去时配合使用，意为"好像……"（题 40）。

18 将括号里的动词改成合适的时态：

1. La porte du jardin (ne plus fermer) _____, il faut la réparer.
2. Nous (faire) _____ bientôt une enquête sur les conditions de travail dans la région parisienne.
3. On (tomber) _____ sur Paul et Marie à la sortie du cinéma.
4. Tu (pouvoir) _____ rouler à gauche, la rue est à sens unique.
5. Mon Dieu ! mais tu as de la fièvre ! Je (aller) _____ dire au docteur de venir immédiatement.
6. Pierre a amené la conversation sur le sujet qui le (intéresser) _____.
7. C'était tellement drôle que je (ne pouvoir) _____ garder mon sérieux.
8. On a demandé au suspect de prouver qu'il (ne pas être) _____ à cette heure sur les lieux du crime.
9. Le facteur (passer) _____, il y a une lettre pour toi.
10. Le train (venir) _____ d'entrer en gare quand les policiers sont arrivés.
11. Avant de peindre les murs, il (falloir) _____ boucher tous les trous.
12. Cette soupe est trop chaude, elle (se brûler) _____ la langue.
13. Ils m'ont renvoyé mon chèque : je ne le (signer) _____ pas.
14. Pars devant, on (se retrouver) _____ à l'arrêt de bus.
15. Si les bagages (peser) _____ plus de vingt kilos, il faudra payer un supplément.
16. Il y a deux mois, il (rester) _____ encore une place de libre.
17. Si on (aller) _____ au restaurant au lieu de manger des sandwiches ?
18. Depuis quand (faire) _____-vous de la gymnastique ?
19. Je pense que cet enfant (réussir) _____ mieux à la prochaine rentrée scolaire.
20. Passe-moi un coup de fil quand tu (prendre) _____ la décision.
21. Nous avons appris que Marie (obtenir) _____ son permis de conduire.

22. Le voleur est entré pendant que les voisins (dormir) _____.
23. Ah, si seulement je (gagner) _____ au loto !
24. Le vieil homme (reprendre) _____ connaissance quand l'ambulance est arrivée.
25. Nous avons découvert que Julie (être) _____ follement amoureuse de son voisin.
26. Nous sommes restés à la maison. Il (pleuvoir) _____ très fort.
27. Pendant que nous discutions avec lui, nous (s'apercevoir) _____ qu'il était très inquiet.
28. L'autoroute est encombrée, nous (ne pas arriver) _____ avant minuit.
29. Il m'a dit ce matin que vous partiriez demain quand vous (obtenir) _____ votre passeport.
30. Le paysan regardait les champs avec tristesse : la pluie (détruire) _____ toutes les cultures.
31. Le téléphone a sonné juste comme il (entrer) _____ dans son bureau.
32. Nous sommes arrivés tandis qu'il (se préparer) _____ à partir.
33. Elle nous a demandé si nous (visiter) _____ le château de Versailles.
34. Son mari assure qu'il (préparer) _____ tout lorsque nous arriverons.
35. Alors qu'elle (s'apprêter) _____ à sortir, il s'est mis à pleuvoir.
36. Tant que leur patron refusera de les augmenter, les ouvriers (continuer) _____ la grève.
37. Pour la soirée hier soir, je (devoir) _____ m'acheter une nouvelle robe très chère.
38. Roland a pris des photos de tout le monde, il (devoir) _____ venir nous les montrer cet après-midi.
39. Votre projet a l'air d'être difficile à réaliser, mais nous (étudier) _____ toutes les possibilités.
40. Qu'est-ce qu'il te reste à faire ? – Pas grand-chose, je (finir) _____ bientôt.

> **难点解读**
>
> - 能愿动词 pouvoir 后接一动词不定式往往表示将要发生的动作，因此该动词较多用于简单将来时（题4）。
> - pouvoir 的否定式常常省略 pas，用于复合过去时更是如此（题7）。
> - 当 passer 用作不及物动词、解释为"经过"、"到……去"时，复合过去时用 être 作助动词（题9）。
> - 动词 rester 在过去时态中，当解释为"待"、"停留"时，通常用复合过去时；若用作无人称动词，意为"剩下"时，一般用未完成过去时（题16）。
> - 连词 si 与未完成过去时配合，用于疑问句，可以表示建议（题17）；用于感叹句表示愿望或遗憾（题23）。
> - 连词 comme 引导时间状语从句，若表示过去时间里发生的动作，通常用未完成过去时（题31）；连词短语 tandis que 和 alors que 用法相同（题32、35）。
> - 动词 devoir 解释为"不得不"时，通常用复合过去时（题37）；若解释为"应该"、"大概"时，则多见于未完成过去时或现在时（题38）。

19 给以下四篇短文填上合适的动词时态：

A Je (être) _____ au supermarché. Je (faire) _____ des courses. Il y (avoir) _____ beaucoup de monde. Il (être) _____ huit heures du soir. Tout à coup, il y (avoir) _____ une panne d'électricité. Les gens (être) _____ surpris au début, mais ils (rester) _____ calmes. La panne (durer) _____ presque dix minutes. Un employé (allumer) _____ des bougies. Mais les caisses (être) _____ bloquées et il (falloir) _____ attendre encore une demi-heure avant de pouvoir sortir.

B Cette nuit je (faire) _____ un rêve étrange. Je (marcher) _____ dans une rue étroite et sombre. Devant moi, il y (avoir) _____ une haute tour. Je (entrer) _____ dans la tour et je (monter) _____ les nombreuses marches. Je (voir) _____ des couleurs vertes, jaunes et bleues sur les murs sales. Il (faire) _____ une chaleur lourde. Arrivée en haut de la tour, je (voir) _____ un homme et une femme étranges dans une grande pièce carrée. Il y (avoir) _____ un vieux monsieur avec une barbe blanche, une femme mystérieuse habillée avec une longue robe noire, un jeune homme grand et mince. Une petite femme aux yeux doux me (dire) _____ : « Nous vous (attendre) _____ depuis des années. »

C J'allais à Paris pour y passer quelques jours. Je (avoir) _____ rendez-vous avec mes copains qui (devoir) _____ m'attendre à midi devant l'Arc de Triomphe. Je (descendre) _____ du train à la gare de Lyon et je (laisser) _____ mes bagages chez ma cousine. Il ne (être) _____ que dix heures. Il (faire) _____ très beau. Je (se promener) _____ sur le quai de la Seine. Je (aller) _____ jusqu'à la place de la Bastille et j'y (prendre) _____ plusieurs photos. Je (se diriger) _____ vers l'Arc de Triomphe. Mes copains (être) _____ déjà là. Je les (apercevoir) _____ et je leur (crier) _____ à haute voix. Mais ils (ne pas entendre) _____ parce qu'il y (avoir) _____ trop de voitures et de passants aux Champs-Élysées. Alors je (traverser) _____ la rue. Cette fois nos regards (se rencontrer) _____. Nous (s'embrasser) _____. Comme nous (être) _____ heureux !

D Mon père, qui (être) _____ professeur dans un lycée, (faire) _____ ses études à la Sorbonne. Il y (passer) _____ sa licence et (obtenir) _____ ses autres diplômes. Il me (décrire) _____ souvent les cours qu'il (suivre) _____, quelques-uns (être) _____ intéressants, utiles, d'autres ne lui (apprendre) _____ pas grand-chose.

Un après-midi de mai, pendant la grève de l'Université, il (vouloir) _____ voir la Sorbonne. Nous (entrer) _____ par la rue des Écoles. Comme tout (être) _____ différent d'autrefois ! La cour (être) _____ pleine de gens qui (ne pas venir) _____ là pour apprendre, mais pour voir un spectacle. Des étudiants leur (vendre) _____ des journaux ou (discuter) _____ avec eux. Mon père, qui (être) _____ un peu myope, (ne pas reconnaître) _____ bien les portraits qui (être) _____ sur les murs, mais il (sourire) _____ quand il (voir) _____ sur les bras des statues de Pasteur et de Victor Hugo, des bouquets de fleurs rouges. Il me (dire) _____ : « Ils (avoir) _____ raison, ces jeunes, de fleurir les poètes et savants ! »

单元 7

关系代词 qui, que, où, dont

20 用关系代词 qui 连接两句句子：

1. Voilà un beau tableau ; le beau tableau me plaît beaucoup.
   →

2. Cécile a une poupée ; la poupée pleure et fait pipi.
   →

3. Édith Piaf est une chanteuse ; la chanteuse est connue dans le monde entier.
   →

4. L'homme lit un journal ; l'homme est surveillé par la police.
   →

5. Le bureau est à droite ; le bureau est celui du directeur.
   →

6. L'homme a disparu ; j'avais prêté de l'argent à l'homme.
   →

7. L'hôtesse parle bien français ; je me suis adressé à l'hôtesse.
   →

8. Les amis sont des collègues de bureau ; j'ai dîné avec les amis.
   →

9. Je connais le monsieur ; Pierre parle avec le monsieur en ce moment.
   →

10. Le directeur l'a licencié ; Thomas travaillait pour le directeur.
    →

> **难点解读**
>
> - 关系代词 qui 引导一个关系从句，在从句中通常作主语，其先行词可以指人也可以指物（题 1、3 等）。
> - 关系代词 qui 在从句中可与介词连用，作间接宾语 à qui（题 6、7）或状语 avec qui, pour qui（题 8、9、10）。

21 用关系代词 que 连接两句句子：

1. Le pull est en laine ou en coton? vous portez le pull.
   →

2. L'aéroport est très moderne ; nous avons visité l'aéroport.
   →

3. Les chaussures sont fabriquées en Italie ; j'ai acheté les chaussures.
   →

4. L'étranger est de nationalité française ; tu as aidé l'étranger.
   →

5. La jeune fille est pianiste ; j'ai connu la jeune fille pendant le voyage.
   →

6. Rapporte-moi le livre ; je t'ai prêté le livre.
   →

7. Nice est une belle ville ; j'aime beaucoup la belle ville.
   →

8. J'ai pris beaucoup de photos ; je vais vous montrer beaucoup de photos.
   →

9. Il connaît la dame ; vous avez rencontré la dame dans le couloir.
   →

10. Toute la famille s'occupe du chien ; on a abandonné le chien.
    →

> **难点解读**
>
> - 关系代词 que 引导一个关系从句，在从句中用作直接宾语，其先行词可以指人也可以指物（题 1、4 等）。

- 如果关系从句的动词是以 avoir 为助动词的复合时态，过去分词的性、数要与先行词保持一致（题 3、5 等）。

22 用关系代词 où 连接两句句子：

1. Voilà le bois ; je me promène souvent dans le bois.
   →

2. Je connais le village ; vous avez passé vos vacances dans le village.
   →

3. Nous nous sommes promenés dans la forêt ; il y a un vieux château dans la forêt.
   →

4. Mon oncle habite dans un pays ; il fait très chaud dans ce pays.
   →

5. Il s'installera dans la ville ; il a passé son enfance dans la ville.
   →

6. Le restaurant n'est pas très cher ; j'ai dîné avec mes amis dans le restaurant.
   →

7. Le village se trouve au bord de la mer ; nous passons nos vacances dans le village.
   →

8. Le lundi est un jour ; beaucoup de magasins sont fermés le lundi.
   →

9. Il est parti en France ce soir-là ; il pleuvait très fort ce soir-là.
   →

10. Ce jour-là, j'ai pris ces photos ; il faisait très chaud ce jour-là.
    →

难点解读

- 关系代词 où 引导一个关系从句，在从句中用作地点状语或时间状语，因此先行词是表示地点或时间的名词（题 1、8 等）。

23 用关系代词 dont 连接两句句子：

1. C'est un auteur ; je n'ai jamais entendu parler de cet auteur.
   →

2. C'est un beau voyage ; je me souviendrai de ce beau voyage toute la vie.
   →

3. J'achèterai un ordinateur ; j'ai besoin de cet ordinateur.
   →

4. Offre-lui ce disque ; elle a envie de ce disque.
   →

5. Voilà un résultat ; je suis content de ce résultat.
   →

6. Voilà un travail ; le directeur sera satisfait de ce travail.
   →

7. Pierre m'a dit une nouvelle ; il n'était pas sûr de cette nouvelle.
   →

8. C'est un accident terrible ; le chauffeur de camion est responsable de cet accident.
   →

9. C'est un monument ; l'image de ce monument est le symbole de Paris.
   →

10. J'ai vu un petit garçon ; les cheveux de ce garçon sont tout blonds.
    →

11. *Les feuilles mortes* est une chanson ; j'adore la musique de cette chanson.
    →

12. Je connais ton ami ; j'ai oublié le nom de ton ami.
    →

13. Voilà dix magazines ; quatre magazines sont en français.
    →

14. Nous avons reçu plusieurs visiteurs ; trois visiteurs sont professeurs d'histoire.
    →

15. J'ai rencontré quelques touristes ; deux touristes sont Français.
    →

> **难点解读**
>
> ● 关系代词 dont 引导一个关系从句，代替介词 de 加先行词（指人或指物），在从句中用作间接宾语（题 1、2 等）、形容词补语（题 5、6 等）、名词补语（题 9、10 等）以及数量补语（题 13、14 等）。

24 用关系代词 qui, que, où, dont 填空：

1. La voiture _____ il a achetée n'a que deux portes.
2. Le monsieur _____ parle en public est un ami de ma famille.
3. Je cherche, pour un enfant de trois ans, un jeu _____ développe l'intelligence.
4. À Paris, il y a quelques jardins publics _____ les enfants peuvent aller jouer.
5. Voilà Jacques, le garçon _____ je t'ai si souvent parlé.
6. Il y a encore des pays _____ les femmes n'ont pas le droit de voter.
7. Je connais l'homme avec _____ tu parlais tout à l'heure.
8. Cette ville n'est plus ce _____ elle était.
9. C'est un écrivain _____ les livres se vendent bien.
10. Tu te souviens du jour _____ tu m'avais enfermée dans un placard ?
11. Le Centre Pompidou, _____ l'on appelle aussi Beaubourg, a été inauguré en 1977.
12. Le château de Chambord, _____ se trouve en Sologne, a été sans doute dessiné par Léonard de Vinci.
13. Les Dupont ont plusieurs maisons, _____ une au bord de la mer.
14. C'est un document _____ il a fait une photocopie.
15. Le costume _____ porte Gérard est horrible.
16. Roland Garros a donné son nom au stade de tennis _____ se jouent les matchs internationaux.
17. Si vous connaissez bien les gens chez _____ vous allez, vous pourrez apporter un dessert ou une bouteille de vin.
18. Le métro de Paris se compose de 15 lignes et comporte 366 stations, _____ 75 correspondances.
19. L'économie des pays arabes dépend surtout du pétrole _____ ils exportent.
20. Son fils, _____ il était si fier, l'a beaucoup déçu cette fois-ci.

> **难点解读**
>
> - 关系代词 que 在从句中除了用作直接宾语，偶尔也用作表语（题8）。
> - 关系从句可分限定性关系从句和解释性关系从句，后者通常用逗号跟先行词分开（题11、12等）。
> - 在关系代词 que 引导的关系从句中，若主语为名词，则可采用主、谓语倒装的词序（题15）；其他关系代词引导的关系从句，若仅由谓语和名词主语构成，且主语分量较重，也可采用倒装的词序（题16）。

25 用合适的关系代词填空：

1. Passe chez la marchande de journaux _____ est au coin de la rue.
2. Pierre se souvient encore des desserts _____ lui faisait tante Jeanne.
3. Le fax est une invention _____ je trouve vraiment géniale.
4. Le musée Grévin est un musée _____ il y a des mannequins de cire.
5. C'est un voyage _____ il garde un excellent souvenir.
6. Il y a, dans nos musées, des tableaux _____ sont de vrais trésors.
7. Le lundi est le jour _____ je suis le plus fatigué.
8. La chaîne de télévision _____ je regarde le plus est la 3ᵉ chaîne.
9. Tous les copains à _____ j'ai téléphoné hier étaient partis en vacances.
10. Je n'aime pas aller dans un pays _____ je ne connais pas la langue.
11. Je l'ai rencontrée au restaurant _____ je déjeune tous les jours.
12. Le jeune homme _____ vous m'avez présenté est très fort en maths.
13. Voilà une bonne occasion _____ vous devrez profiter.
14. Paris est une ville _____ change tout le temps et _____ reste toujours la même.
15. Asseyons-nous près du feu _____ la chaleur est agréable.
16. Beaucoup de gens gardent toujours l'accent de la région de _____ ils viennent.
17. L'idée de me retrouver dans cette maison _____ j'ai vécu quand j'étais enfant me rend fou de joie.
18. Ma copine, _____ le père est garagiste, aura une voiture pour ses 18 ans.
19. J'ai des manuels de français _____ je pourrai te prêter quelques-uns.
20. Gardons les traditions de la famille _____ nous descendons.

> **难点解读**
>
> - 关系代词 où 代替地点状语时，根据从句谓语动词的用法，可以前置介词 de, par, jusque 等（题 16）。
> - 关系代词 dont 可以与泛指代词 quelques-uns 配合使用，在从句中用作由介词 de 引导的该泛指代词的补语（题 19）。
> - descendre de ... 解释为 "出身于……"、"来源于……"，关系代词 dont 可与该动词配合使用（题 20）。

26 用 ce qui, ce que, ce dont 填空：

1. Je ne suis jamais la mode : j'achète _____ me plaît.
2. Raconte-moi _____ s'est passé hier soir.
3. En général, les gens achètent _____ ils voient à la télévision.
4. Elle n'était pas d'accord avec _____ je lui ai proposé.
5. _____ Pierre dit est absurde.
6. Dis-moi _____ tu as envie pour ton anniversaire.
7. Elle a préparé _____ son fils avait besoin pour son week-end à la mer.
8. _____ je vais vous parler concerne votre travail.
9. Elle n'a pas accepté ma proposition, _____ ne m'étonne guère.
10. _____ vous mangez, c'est une espèce de poisson de mer.
11. Aline ne travaille pas aujourd'hui, _____ lui permet de garder son enfant.
12. _____ compte pour moi, c'est de pouvoir parler couramment français.
13. Je ne sais pas ce qui lui arrive, _____ je suis certain, c'est qu'il a de graves problèmes.
14. Il voudrait savoir _____ vous en pensez.
15. Je n'ai pas de mémoire : j'oublie tout _____ j'étudie.
16. Avant de signer, lisez bien _____ est écrit sur le contrat.
17. Marie ne pourra pas partir en vacances cet été, _____ est dommage.
18. _____ est bizarre, c'est qu'il ne s'en est pas aperçu.
19. On voit bien _____ il y a de mystérieux dans ce roman.
20. _____ j'ai mangé à midi était si épicé que j'ai eu soif toute l'après-midi.

> **难点解读**
>
> - 指示代词 ce 与关系代词 qui, que, dont 连用，构成的 ce qui 在从句中作主语（题 1、2 等），ce que 在从句中作直接宾语（题 3、4 等），ce dont 在从句中作间接宾语或形容词补语（题 6、13 等）。带有 ce qui, ce que, ce dont 的句子之整体结构为：主句 + ce qui / ce que / ce dont + 从句。
> - 指示代词 ce 也可代上文所指的事，与 qui 连用引出一个从句（题 9、11 等）。
> - ce qui / ce que / ce dont …, c'est 是一种强调句型，后接名词、由介词 de 引导的动词不定式或由连词 que 引导的句子（题 10、12、13 等）。

27　用 ce qui, ce que, ce dont 或 qui, que, dont 填写以下短文和对话：

A _____ je fais actuellement est très intéressant : je dois noter tout _____ font les enfants entre deux et trois ans dans une crèche : _____ ils mangent, _____ ils boivent, _____ ils aiment, _____ ils détestent, ils parlent entre eux, _____ les intéresse. Je constate que _____ disent les livres de psychologie est bien différent de _____ je vois.

B – Racontez-moi _____ s'est passé. Dites-moi exactement _____ vous avez vu.

– Eh bien, j'étais dans le magasin _____ est en face de la bijouterie et soudain, quelqu'un a jeté une pierre _____ a cassé la vitrine.

– Pouvez-vous décrire la personne _____ a fait ça ?

– Je suis sûr que c'est quelqu'un _____ j'ai déjà vu quelque part. _____ m'a frappé, c'est la façon bizarre _____ il marche. Il a un très long cou _____ penche vers l'avant et des yeux _____ lui sortent de la tête comme une poule.

– Dites-moi _____ il a fait ensuite.

– Il a enlevé le chapeau _____ il avait sur la tête et il l'a rempli avec tout _____ il a trouvé dans la vitrine, puis il a sauté dans un bus _____ passait.

单元 8 不定式句

28 用 voir, regarder, écouter, entendre, sentir 改写下列各句：

1. Un inconnu sort de la salle.
    → Le gardien voit un inconnu sortir de la salle.
2. M. Leloup répare sa vieille voiture.
    → L'enfant regarde …
3. Quelques jeunes gens chantent dans la rue.
    → Les passants écoutent …
4. Quelqu'un parle dans la pièce d'à côté.
    → On entend …
5. La terre a tremblé.
    → Tout le monde a senti …
6. Il est parti avec une femme de petite taille.
    → Je l'ai vu …
7. Elle prépare un gâteau.
    → Son enfant la regarde …
8. Marie chante une chanson sentimentale.
    → Nous l'écoutons …
9. Il a poussé un cri de douleur.
    → Mes copains l'ont entendu …
10. Mon cœur bat fort.
    → Je le sens …

难点解读

- 谓语动词为不定式的宾语从句称为不定式句；不定式句的主语同时也是主句谓语的直接宾语。
- 不定式句可以出现在 voir, regarder, écouter, entendre, sentir 等表示感觉的动词之后（题1、2等）。
- 如果不定式句的主语为人称代词，则要置于主句谓语之前（题6、7等）。

29 将下列各句改成不定式句，注意不定式句主语的位置变化：

1. Mes copains viendront chez moi.
    → Je ferai venir mes copains chez moi. / Je les ferai venir chez moi.

2. Les ouvriers travaillent dans les ateliers.
    → Le patron …

3. Les visiteurs entrent dans la salle d'exposition.
    → L'hôtesse d'accueil …

4. Les enfants rient beaucoup.
    → Cette histoire …

5. Les invités s'asseoient dans la salle de séjour.
    → La maîtresse de maison …

6. La tasse est tombée.
    → Le chat …

7. L'œuf cuit dans l'eau.
    → Mme Durand …

8. Son chien sort de la cuisine.
    → Le maître …

难点解读

- 动词 faire 可以后接不定式句，表示"使"、"让"、"叫"等意思。
- 不定式句的谓语若为不及物动词，则名词主语直接置于谓语之后，如果名词主语由直接宾语人称代词替代，则置于主句谓语之前。

30 将下列各句改成不定式句，注意不定式句主语的不同形式：

1. Mon frère passe l'aspirateur.
   → Je fais passer l'aspirateur à mon frère. / Je lui fais passer l'aspirateur.

2. Les élèves lisent le texte.
   → Le maître …

3. Sophie écoute un disque de musique classique.
   → Son copain …

4. Paul regarde un appareil extraordinaire.
   → Un de ses collègues …

5. L'assistante tape le courrier.
   → Le directeur …

6. Mes amis voient mes photos.
   → Je …

7. Le mécanicien répare notre voiture.
   → Nous …

8. L'ouvrier installe le climatiseur.
   → Mme Dupont …

难点解读

- 不定式句的谓语若为及物动词，后置一直接宾语，那么，名词主语须由介词 à 或 par 引导。
- 不定式句的名词主语也可由间接宾语人称代词替代，并置于主句谓语之前。

31 按照例句改造不定式句，注意主语的位置变化：

1. Vous faites venir le médecin.
   → Faites-le venir.

2. Vous faites travailler les élèves.
   →

3. Vous faites entrer les invités.
   →

4. Vous faites asseoir vos amis.
   →

5. Vous faites chanter les enfants.
   →

6. Vous faites danser les jeunes gens.
   →

7. Vous faites sortir les mouches.
   →

8. Vous faites cuire l'œuf.
   →

> **难点解读**
>
> ○ 在肯定命令句中，不定式句的名词主语若由宾语人称代词替代，则须置于主句谓语之后。
> ○ 不定式句的谓语若为代词式动词，自反人称代词 se 通常省略（题 4）。

32 按照例句改造不定式句，注意主语及宾语的位置变化：

1. Vous faites lire le texte aux élèves.
   → Faites-leur lire le texte. / Faites-le lire aux élèves.

2. Vous faites réparer la voiture au mécanicien.
   →

3. Vous faites installer le climatiseur à l'ouvrier.
   →

4. Vous faites fermer la porte à votre frère.
   →

5. Vous faites porter le vase chez vous à l'antiquaire.
   →

6. Vous faites livrer la table et les chaises au marchand de meubles.
   →

7. Vous faites planter quelques arbres à vos parents.
   →

8. Vous faites emmener votre enfant à l'école à votre mari.
   →

单元 9

形容词的比较级和最高级

33 用形容词的比较级填空：

1. Le français est _____ difficile que l'anglais.

2. Ma chambre est _____ petite que la cuisine : elles ont la même surface.

3. Bien sûr, l'autobus est _____ rapide que le métro.

4. Laisse-moi porter cette valise, je suis _____ fort que toi.

5. Il y a des produits importés qui sont _____ chers que les produits du pays.

6. Les voitures françaises sont-elles _____ bonnes ou _____ bonnes que les voitures allemandes ?

7. Les haricots frais sont _____ que les haricots en boîte.

8. Prenez l'autoroute de l'Ouest, c'est _____ rapide.

9. Les appartements sont hors de prix à Paris, nous allons chercher en banlieue, c'est _____ cher.

10. L'essence est beaucoup _____ polluante que l'électricité.

11. Tu ne vois sur cette photo qu'une partie de la plage ; en réalité, elle est beaucoup _____ grande.

12. Vous allez à la mer ou à la montagne ? – À la montagne, il paraît que c'est bien _____ pour la santé.

13. C'est _____ facile de nager dans la piscine que dans la mer.

14. En été, il fait _____ chaud à Paris qu'à Nice ?

15. Ils vont s'installer en banlieue, le climat y est _____ sain qu'en ville.

16. Cet enfant est _____ intelligent que travailleur.

17. L'argent n'est pas _____ précieux que l'or.
18. Jean a accepté notre projet, il n'est pas _____ exigeant que je croyais.
19. Ce texte est un peu _____ difficile à comprendre.
20. Les employés réclament de _____ conditions de travail et de _____ salaires.

> **难点解读**
>
> - 形容词的比较级由 plus, aussi 或 moins 加形容词构成，表示比较的成分由连词 que 引导，分别表示较高程度、同等程度、较低程度（题 1、2、3 等）。
> - 形容词 bon 表示较高比较程度为 meilleur（题 7、20），表示同等和较低比较程度仍为 aussi bon 和 moins bon（题 6）。
> - 若上下文意思明了，表示比较的成分可省略（题 8、9 等）。
> - 表示较高、较低程度的 plus, moins 前可放入 bien, beaucoup, un peu 以示程度的差异（题 10、12、19 等）。
> - 形容词比较级的比较成分可以是两个地点状语，也可以是两个形容词（题 13、16 等）；表示比较的成分偶尔也可能是个句子，此类句子的谓语往往是 croire, penser, imaginer 等动词（题 18）。
> - 如果表示同等程度的比较级用于否定式，aussi 也可以用 si 来表示（题 17、18）。

34 用形容词的最高级填空：

1. Voilà les magazines _____ intéressants de notre bibliothèque.
2. Où est la station de taxis _____ proche ?
3. Paul est _____ travailleur de sa classe, ses parents en sont contents.
4. Le mont Blanc est la montagne _____ haute de l'Europe.
5. C'est la chambre _____ confortable, mais la moins chère de l'hôtel.
6. La réponse _____ juste, _____ intelligente, c'est à mon avis, la réponse de Jeanne.
7. Quel est _____ grand port du monde ?
8. Cette fleur est _____ belle de toutes.
9. Paris est la ville _____ belle de France.
10. Picasso est un des peintres _____ célèbres de notre siècle.

11. Le Sahara est un de _____ grands déserts du monde.

12. Vous ne connaissez pas la Bretagne ? C'est une de _____ belles régions de France.

13. Je suis au restaurant, je choisis le menu _____ cher.

14. Vous savez qui est _____ élève de la classe ?

15. Tu rigoles ! Les vins français sont _____ du monde.

16. M. Dupont a trois enfants, Cathie est _____ âgée des trois.

17. Nous n'avons pas _____ idée de cela.

18. Les fruits qui ne sont pas très beaux sont souvent _____.

19. Ce dictionnaire ne contient que les mots _____ courants de la langue française.

20. Son fils a un sommeil très léger, _____ bruit le réveille.

难点解读

- 形容词的最高级由定冠词加 plus 或 moins 加形容词构成，比较范围由介词 de 引导，分别表示最高程度和最低程度。
- 形容词最高级一般置于名词后（题1、2等）或 être 后（题3、16等）；一些位置在名词前的形容词，其最高级可以置于名词前或名词后（题7、9等）。
- 个别形容词置于名词前和名词后会产生不同的意思，因此，其最高级的位置可视意思而定（题13）。
- 如果上下文意思明朗，最高级的比较范围可以省略（题2、6等）。
- 形容词 bon 表示最高程度为 le meilleur，表示最低程度为 le moins bon（题14、15等）。
- le moindre 为形容词 petit 的最高级词形，一般用于抽象名词（题17、20）。

单元 10
副词的比较级和最高级

35 用副词的比较级填空：

1. Marche _____ vite, sinon on arrivera en retard.
2. Ils ont le même résultat : ils travaillent _____ bien l'un que l'autre.
3. Parle donc _____ fort, je ne suis pas sourd.
4. Je partirai _____ tôt que d'habitude : je dois aller chez le médecin.
5. Il travaille autant que son frère, mais il réussit _____ bien.
6. Prends une place de face au théâtre, on verra _____.
7. Jean ? Ah, il est sorti, pouvez-vous le rappeler un peu _____ tard ?
8. Elle a été en Allemagne, c'est normal qu'elle parle l'allemand beaucoup _____ que moi.
9. Je ne vous retiens pas _____ longtemps, vous pouvez partir.
10. Mon frère mange _____ qu'avant parce qu'il travaille plus.
11. Malgré leur enfant, ils sortent _____ souvent qu'avant.
12. Aline voudrait travailler _____, maintenant qu'elle a un enfant.
13. Il a _____ de vacances que moi, je ne vois pas pourquoi il se plaint.
14. Ces deux cars peuvent transporter _____ de personnes l'un que l'autre.
15. Une petite voiture est plus économique qu'une grosse : elle consomme _____ d'essence.
16. Il a dû arrêter ses études, de toute façon, je suis sûr qu'il réussira _____ dans les affaires.
17. François devient gros avec l'âge ; il devrait manger _____ et faire _____ de sport.

18. Marianne ne t'aime pas _____ que tu le crois.

19. En France, les célibataires paient _____ d'impôts que les gens mariés.

20. Les chefs d'entreprise sont inquiets à cause de la crise économique, mais leurs employés le sont encore _____.

难点解读

- 副词的比较级由 plus, aussi 或 moins 加副词构成，比较成分由连词 que 引导，分别表示较高程度、同等程度和较低程度（题 1、2、3 等）。
- 副词 bien 表示较高程度为 mieux（题 6），表示同等和较低比较程度仍为 aussi bien 和 moins bien（题 5）。
- 比较级中可以放入 beaucoup, un peu 以示程度的差异（题 7、8）。
- 副词 beaucoup 的比较级为 plus（题 10），peu 的比较级为 moins（题 12），表示同等程度的为 autant（题 18）；这三种比较形式均可后接由介词 de 引导的名词（题 13、14、15 等）。

36 用副词比较级或形容词比较级填空：

1. Elle court _____ vite que moi : elle arrive toujours la première.
2. Je réfléchis _____ lorsque je suis au calme.
3. Sa valise est _____ lourde qu'hier. Il a oublié quelque chose.
4. Pierre joue _____ bien au tennis que son frère.
5. Tu manges _____ que moi. Nous mangeons trop tous les deux.
6. Nos _____ vœux pour la nouvelle année.
7. C'est vrai que Marie a _____ réussi que son frère ?
8. Cette année, les cerises sont _____ que l'année dernière.
9. Mon grand frère est _____ âgé que moi de deux ans.
10. Ça n'a pas d'importance. J'aime _____ le café que le thé.
11. Tu peux en prendre _____ que tu voudras.
12. Avec vos lunettes, vous verrez _____.
13. Je vous propose ce manteau, il est _____ marché.
14. En hiver, les jours sont _____ longs qu'en été.
15. Michel travaille _____ que Paul et ses résultats sont _____.

16. Rien n'a changé, et je suppose qu'il est _____ riche et qu'il a _____ d'argent.
17. Les salaires n'augmentent pas _____ vite que les prix.
18. On part à la retraite _____ tôt qu'autrefois : 60 ans au lieu de 65.
19. Il y a beaucoup _____ de chômage que dans les années 80.
20. Les Français ont _____ de pouvoir d'achat.

37 用副词的最高级填空：

1. Marie écrit _____ vite de sa classe, et elle écrit bien.
2. Le patron n'a pas augmenté Jacques parce qu'il travaille _____ bien.
3. Mme Durand va au marché _____ souvent des locataires de l'immeuble.
4. Tous les matins, c'est Mireille qui se lève _____ tôt.
5. Aline court _____ vite de la classe, elle est toujours la dernière.
6. Les chefs d'entreprise sont les Français qui gagnent _____ leur vie.
7. De temps en temps, on va au cinéma, mais _____ souvent on reste à la maison.
8. Choisissez bien les mots qui exprimeront _____ votre pensée.
9. Il est le plus petit de sa famille, mais il mange _____ .
10. C'est notre grand-mère qui mange _____ de la famille.
11. Il gagne le plus parce qu'il travaille _____ .
12. Le patron l'a choisie pour ce travail parce qu'elle a _____ de capacité.
13. Paul a fait _____ de fautes dans la dictée : il a eu une bonne note.
14. Je veux bien me lever _____ tôt possible pour faire de l'exercice.
15. Pour rester en forme, reposez-vous _____ possible.
16. Fumez _____ possible pour vivre plus longtemps.
17. Il dit qu'il boit _____ d'eau, mais c'est mauvais pour la santé.
18. C'est les oranges que j'aime _____ .
19. La bibliothèque municipale possède _____ de livres.
20. Cette machine à laver offre _____ de services.

难点解读

○ 副词的最高级由 le plus, le moins 加副词构成，比较范围由介词 de 引导，表示最高程度和最低程度（题1、2等）。

- 如果上下文意思明确，最高级的比较范围可以省略（题 4、6 等）。
- 副词 bien 的最高程度为 le mieux，最低程度仍为 le moins bien（题 2、6 等）。
- 副词 beaucoup 的最高程度为 le plus，peu 的最低程度为 le moins（题 9、10 等）；这两种最高级形式均可后接由介词 de 引导的名词（题 12、13 等）。
- le plus / le moins … possible 为固定表达法，解释 "尽可能多 / 少……"（题 14、15、16）。

38 用形容词、副词的比较级或最高级填空：

1. Va plutôt chez un médecin spécialiste, c'est _____ sûr.
2. L'espérance de vie des Français est _____ longue que celle des Françaises.
3. Souvent, au bar, l'eau coûte _____ cher que le vin !
4. Je vous conseille cette robe ; elle vous va _____.
5. Ce pull est de _____ qualité.
6. Isabelle est _____ de sa classe en français et en histoire.
7. C'est _____ bruyante de toutes les chambres.
8. Elle est _____ en anglais qu'en allemand.
9. M. Leroi connaît _____ l'histoire de France que son fils.
10. Les Français travaillent _____ qu'avant : 39 heures par semaine au lieu de 40.
11. Les Français consomment _____ de poisson que de viande.
12. Il n'y a pas _____ de touristes que l'année dernière.
13. La France possède _____ grand nombre de fromages : plus de 400 appellations.
14. Il vaudrait _____ réfléchir avant de l'acheter.
15. Elle est plus grande que moi. C'est normal : elle a un an de _____ que moi.
16. Personne _____ que vous ne peut expliquer ce qu'il faut faire.
17. Les Français sont _____ gros consommateurs de médicaments du monde.
18. La raison du plus fort est toujours _____.
19. Ce service à thé a six tasses et _____ de soucoupes.
20. De tous les étudiants, c'est John qui parle _____ français, mais c'est Anne qui a _____ accent.

单元 11
直接引语和间接引语

39 将直接引语改成间接引语，注意人称的变化：

1. « Je ne fume plus. »
   → Le jeune homme dit qu'il ne fume plus.

2. « Le dimanche, je reste chez moi. »
   → Mme Dupont dit …

3. « Je te montre mes photos. »
   → Madeleine me dit …

4. « J'entends mes voisins parler et se disputer. »
   → Ma copine dit …

5. « Je dois partir tout de suite. »
   → Mon père me dit …

6. « Le directeur est encore dans son bureau. »
   → Michel me dit …

7. « Il y a une émission intéressante à la télé. »
   → Je dis à mes parents …

8. « Mes parents projettent de faire un séjour sur la Côte d'Azur. »
   → Paul dit à ses copains …

难点解读

○ 引用他人原话，称为直接引语；将原话的意思转述出来，称为间接引语。
○ 将直接引语转换成间接引语，人称会发生变化。

40 将直接引语改成间接引语，注意时态的变化：

1. « Ces plats sont à mon goût. »
   → Marie a dit que ces plats étaient à son goût.

2. « Mon père travaille dans l'administration. »
   → André a dit …

3. « J'ai assez mangé. »
   → Mon ami m'a dit …

4. « Nous avons visité l'exposition de peinture. »
   → Mes copains ont dit …

5. « Il va pleuvoir. »
   → La météo a annoncé …

6. « Le match va bientôt commencer. »
   → Il m'a dit …

7. « Nous nous installerons en banlieue. »
   → Mon voisin m'a dit …

8. « Nous achèterons un trois-pièces plus tard. »
   → M. et Mme Roche ont dit …

难点解读

- 将直接引语转换成间接引语时，时态会发生变化。
- 主句为过去时，引语中的时态转换规律为：现在时→未完成过去时（题1、2），复合过去时→愈过去时（题3、4），最近将来时→过去最近将来时（题5、6），简单将来时→过去将来时（题7、8）。

41 将直接引语改成间接引语，注意时间状语的变化：

1. « Le directeur est très occupé maintenant. »
   → L'assistante a dit que le directeur était alors très occupé.

2. « Il pleut très fort aujourd'hui. »
   → Louis a dit …

3. « Je l'ai rencontré dans la rue hier. »

→ Sophie a dit …

4. « Nous allons partir en France demain. »

    → Paul a dit …

5. « Mon oncle est arrivé de Rome il y a trois jours. »

    → Jacques a dit …

6. « Je terminerai mon doctorat dans un mois. »

    → Sylvie a dit …

7. « Nous avons vu un film français la semaine dernière. »

    → Mes amis m'ont dit …

8. « Nous allons faire une excursion en forêt la semaine prochaine. »

    → Marco et Sophie m'ont dit …

难点解读

- 将直接引语转换成间接引语时，时间状语会发生相应变化。
- 主句为过去时，引语中时间状语的变化规律为：maintenant → alors（题1），aujourd'hui → ce jour-là（题2），hier → la veille（题3），demain → le lendemain（题4），il y a → avant（题5），dans → après（题6），la semaine dernière → la semaine précédente（题7），la semaine prochaine → la semaine suivante（题8）。

单元 12

被动态

42 将括号里的动词改成被动态：

1. Le téléphone (inventer) _____ par Bell.
2. Le paratonnerre (concevoir) _____ par Franklin.
3. L'Amérique (découvrir) _____ par Colomb.
4. La tour Eiffel (réaliser) _____ par Eiffel.
5. La Joconde (peindre) _____ par Léonard de Vinci.
6. La pyramide du Louvre (concevoir) _____ par Bei.
7. Le château de Versailles (construire) _____ par Louis XIV.
8. La Bastille (prendre) _____ le 14 juillet 1789.
9. Le métro (inaugurer) _____ à Paris en 1900.
10. Le franc (remplacer) _____ par l'euro en 2002.

难点解读

- 被动态由助动词 être 加直接及物动词的过去分词构成，由介词 par 引导施动者补语。
- 施动者补语有时可不必表达；施动者补语若为泛指代词 on，也无须表达。

43 将下列各句的主动态改成被动态：

1. Tous les jours, la concierge nettoie l'escalier jusqu'au 10ᵉ étage.

→ Tous les jours, l'escalier …

2. L'enfant doit faire ces devoirs lui-même.

→ Ces devoirs …

3. On a écrit ces livres pour les enfants de 5 à 8 ans.

→ Ces livres …

4. La police lui a retiré son permis de conduire pour un mois.

→ Son permis de conduire …

5. Avant, les paysans battaient le blé à la main.

→ Avant, le blé …

6. Le chien poursuivait le voleur quand il se jeta à la porte.

→ Le voleur …

7. Pierre a dit que le chat avait cassé le pot à lait.

→ Pierre a dit que le pot à lait …

8. On construira des immeubles aux abords de la ville.

→ Des immeubles …

9. Le professeur aura corrigé tous les devoirs quand la cloche sonnera.

→ Tous les devoirs …

10. Les Dupont vont renvoyer leur femme de ménage : elle n'est pas honnête.

→ La femme de ménage …

难点解读

- 被动态的各种时态由助动词 être 来表示。
- 被动态中过去分词要与主语保持性、数一致。

44 下列各句中施动者补语由介词 par 还是 de 引导？

1. Mme Dupont est aimée _____ ses enfants.
2. Il est estimé _____ tous ses collaborateurs.
3. Ce tableau est admiré _____ tous les visiteurs.
4. Ce produit est connu _____ tout le monde.
5. Cette vieille femme est détestée _____ son voisinage.
6. Cet enseignant est adoré _____ ses élèves.

7. Il est toujours accompagné _____ sa mère.
8. La projection du film sera suivie _____ un débat.
9. Les sommets sont couverts _____ neige.
10. Leur jardin est entouré _____ grillages.
11. Le train était rempli _____ touristes.
12. Hélène a été déçue _____ votre attitude.
13. Nous avons été touchés _____ leur gentillesse.
14. Olivier sera sûrement surpris _____ votre refus.
15. Son père est pris _____ une malaise.

难点解读

- 表示情感或伴随状态的动词，施动者补语由介词 de 引导，所涉及的动词主要有 aimer, respecter, estimer, apprécier, connaître, accompagner, suivre, entourer 等。
- 动词 détester, adorer, toucher 等的施动者补语可由介词 de 或 par 引导（题 5、6、13）。
- 被动态中过去分词可由介词 de 引导一个补语，用来补充、说明或限定过去分词（题 9、11 等）。

45 下列各句的主动态都可以改成被动态吗？

	oui	non
1. Nous envisageons de prendre le train.	☐	☐
2. Ils vont réserver trois places dans l'avion de 13 h 25.	☐	☐
3. Vous voulez occuper une place fumeur ?	☐	☐
4. On vient d'annuler le match à cause de la pluie.	☐	☐
5. Elle a choisi d'avancer la date de son retour.	☐	☐
6. Nous pouvons garer la voiture devant l'aéroport ?	☐	☐
7. On va vérifier les numéros de nos places.	☐	☐
8. Les Français aiment faire du ski.	☐	☐
9. Vous souhaitez louer une voiture pour la promenade ?	☐	☐
10. On peut trouver cette rue facilement.	☐	☐

46 区分下列各句中的主动态和被动态：

1. Les voyageurs sont montés dans le train de Paris.
2. Le film a été précédé d'un documentaire.
3. La façade est ornée de drapeaux.
4. La ligne est occupée, veuillez rappeler plus tard.
5. On ne mange pas de viande ce soir, le lundi les bouchers sont fermés.
6. Les Américains ont été les premiers à marcher sur la Lune.
7. Paul est tombé du vélo et s'est cassé la jambe.
8. Notre ligne de téléphone a été coupée, espérons qu'elle sera vite rétablie.
9. L'enquête est terminée ? Quelles sont les conclusions du rapport de police ?
10. Le spectacle est gratuit pour les enfants de moins de dix ans.
11. Les cours seront interrompus de 15 au 30 mai à cause des examens.
12. Ils aimeraient bien déménager, leur rue est devenue tellement bruyante.
13. Je suis passé sous vos fenêtres et j'ai vu de la lumière, alors je suis monté.
14. Nous ne sommes restés qu'une journée à Paris. À part la tour Eiffel, nous n'avons visité aucun monument.
15. Les bandits ont enlevé le petit garçon, jusqu'à présent toutes les recherches sont restées vaines.

难点解读

- 表示位置移动及状态变化的动词，由 être 作助动词构成复合时态的主动态（题1、7、12等）。
- 注意区别用作形容词的过去分词（题4、5）和构成被动态的过去分词（题8、9）。

单元 13

条件式现在时

47 用下列词组按照例句完成句子：

sortir sans parapluie – se mouiller – prendre froid – tomber malade – manquer l'école – rater l'examen – travailler l'été – ne pas partir en vacances – ne pas pouvoir se baigner dans la mer ni prendre un bain de soleil

→ Si tu sors sans parapluie, tu te mouilleras ; si tu te mouilles …

→ Si tu sortais sans parapluie, tu te mouillerais ; si tu te mouillais …

难点解读

- 将直陈式简单将来时的词尾换成未完成过去时的词尾，便构成条件式现在时。
- 注意下列动词简单将来时的特殊变化形式，有助于掌握这些动词条件式现在时的词形：avoir : j'aurai →j'aurais, être : je serai →je serais, aller : j'irai →j'irais, faire : je ferai →je ferais, venir : je viendrai →je viendrais, voir : je verrai →je verrais, pouvoir : je pourrai →je pourrais, vouloir : je voudrai →je voudrais, savoir : je saurai →je saurais, falloir : il faudra →il faudrait 等。

48 将括号里的动词改成条件式现在时，注意句子结构及语法功能：

1. Si j'étais moins fatigué, je (pouvoir) _____ sortir avec toi.
2. Si ce magasin était moins cher, j'y (faire) _____ mes achats plus souvent.

3. Si tu prenais ce cachet, tu (ne plus avoir) _____ mal à la tête.
4. Si nous les invitions, ils (venir) _____ sûrement à notre fête.
5. Son chat (être) _____ en meilleure santé si elle le nourrissait moins.
6. Je (arriver) _____ exténuée si je parcourais cette distance à pied.
7. Avec de la patience, vous (obtenir) _____ votre permis de conduire.
8. Sans enfant, Marco et Sophie (être) _____ plus libres.
9. À ma place, que (choisir) _____ -tu comme téléphone portable ?
10. Grâce à son travail, elle (réussir) _____ tous ses examens.
11. À les entendre, il (ne pas y avoir) _____ de travaux à faire.
12. Au cas où ils (être) _____ d'accord, dites-le-moi.
13. Je (vouloir) _____ vous demander un petit service.
14. (pouvoir) _____ -vous m'attendre quelques instants ?
15. Tu (faire) _____ mieux de suivre les conseils du médecin.
16. Vous (devoir) _____ être prudent dans cette affaire !
17. Ce shampooing (être) _____ très efficace contre les pellicules.
18. Selon la météo, une vague de chaleur (être) _____ à prévoir pour l'été prochain.
19. Je (pouvoir) _____ avoir l'addition, s'il vous plaît ?
20. Nous (aimer) _____ aller au cinéma de temps en temps.

难点解读

- 主句谓语用条件式现在时，由 si 引导的从句用直陈式未完成过去时，表示与现在事实相反的情况（题1、2）或者将来也许有可能实现的动作（题3、4等）。
- 条件从句也可以由其他表示条件的词组代替（题7、8等）。
- 如果从句的份量重，或者突出主句，可以将主句置于从句前（题5、6）。
- au cas où 后接从句用条件式现在时，意为"万一……"（题12）。
- 条件式现在时用于独立句，可表示愿望（题13、20）、请求（题14、19）、建议（题15、16）、推测（题17、18）。

49 将下列各句括号里的动词改成合适的时态或语式：

1. S'il faisait beau demain, on (faire) _____ une promenade en forêt.

2. S'il fait beau demain, on (faire) _____ une promenade en forêt.
3. Que de progrès nous ferions si nous (être) _____ plus méthodiques !
4. Si elle (réussir) _____ au bac, elle continuera ses études.
5. Si M. Durand n'est pas à la maison, (déposer) _____ le paquet chez le concierge.
6. S'il est parti, tu me (passer) _____ un coup de fil.
7. Si tu (pratiquer) _____ un sport, tu pourrais garder une bonne forme.
8. S'il avait suivi les conseils du médecin, il (aller) _____ beaucoup mieux maintenant.
9. Avec une moto, vous (aller) _____ beaucoup plus vite qu'à vélo.
10. Sans visa, nous (ne pas pouvoir) _____ partir.
11. Tu crois vraiment ce qu'elle te raconte ? À ta place, je (se méfier) _____.
12. Si vous (dire) _____ la vérité, vous ne seriez pas dans cette situation.
13. S'ils avaient une voiture, ils (partir) _____ plus souvent le week-end.
14. Je (pouvoir) _____ m'asseoir à côté de vous ?
15. Vous (faire) _____ mieux de prendre le train, c'est plus économique que l'avion.
16. Il (falloir) _____ consommer de l'alcool avec modération.
17. Il est bon, mon poisson ? – Oui, mais il (être) _____ meilleur avec un peu plus de beurre.
18. Si elle travaillait moins, elle (être) _____ de meilleure humeur.
19. Vous (pouvoir) _____ faire réparer votre caméra, elle est encore sous garantie.
20. Je (vouloir) _____ quelque chose de joli pour une amie.
21. S'il y (avoir) _____ moins de chômage en France, les jeunes seraient plus contents.
22. Si tout le monde respectait l'environnement, il y (avoir) _____ moins de pollution dans les villes.
23. Vous (devoir) _____ dormir avec les fenêtres ouvertes, c'est meilleur pour la santé.
24. Si on avait un chien, on (ne savoir) _____ quoi en faire pendant les vacances.
25. Il (valoir) _____ peut-être mieux s'installer à l'ombre pour déjeuner.
26. Regarde les nuages, on (dire) _____ qu'il va pleuvoir.
27. N'ouvre pas le robinet d'eau chaude, il est cassé, tu (ne plus pouvoir) _____ le fermer.

28. Vous (pouvoir) _____ envelopper ce paquet ? C'est pour offrir.
29. Dans ce cinéma, il y a deux sorties de secours, pour le cas où il y (avoir) _____ un incendie.
30. On aurait meilleur temps, les vacances (être) _____ magnifiques.

> **难点解读**
>
> - 由 si 引导的从句用直陈式现在时，主句用简单将来时，表示假设的将来动作实现的可能性很大（题 2、4）；主句也可改用命令式，代替简单将来时（题 5）。
> - 主句用直陈式简单将来时，从句可用复合过去时来假设动作已经发生（题 6）；同样，主句用条件式现在时，从句可用直陈式愈过去时来假设一个完成的动作（题 8）。
> - 当动词 savoir 的条件式现在时用于否定式且省略 pas 时，其含义相当于 pouvoir（题 24）。
> - on dirait que ... 中的条件式现在时属于固定用法，该表达法解释"好像……"（题 26）。
> - pour le cas où 后接的从句用条件式现在时，意为"以防万一……"（题 29）。
> - 条件从句也可以通过并列句的形式用条件式现在时来假设（题 30），on aurait meilleur temps 相当于 si on avait meilleur temps …。

单元 14

过去将来时

50 将下列各从句改成过去将来时：

1. Je dis qu'il pleuvra demain.
   → J'ai dit que …

2. Je crois que mes voisins s'installeront en banlieue.
   → Je croyais que …

3. Je sais que les Dupont achèteront une maison de campagne.
   → Je savais que …

4. J'espère que vous trouverez un bon emploi.
   → J'espérais que …

5. Je suis sûr que notre équipe gagnera le match.
   → J'étais sûr que …

6. Je me demande s'il continuera ses études en France.
   → Je me demandais …

7. Je ne sais pas ce que je ferai après mes études.
   → Je ne savais pas …

8. Je lui demande avec qui elle ira sur la Côte d'Azur.
   → Je lui demandais …

9. Je ne comprends pas pourquoi tu voudras changer de métier.
   → Je ne comprenais pas …

10. Je veux savoir comment nous décorerons la salle de réception.
    → Je voulais savoir …

> **难点解读**
> - 直陈式过去将来时的构成与条件式现在时相同，即将直陈式简单将来时的词尾换成未完成过去时的词尾，便构成直陈式过去将来时。
> - 直陈式过去将来时表示在过去某一动作之后将要发生的事情。

51 将括号里的动词改成合适的过去时态：

1. Pierre m'a répondu qu'il (partir) _____ en vacances.
2. Tu savais qu'il (pleuvoir) _____ toute la semaine passée ?
3. Je (aller) _____ sortir quand on a sonné à la porte.
4. Ma mère (aller) _____ chercher du pain et des jus de fruits.
5. Cette semaine, *L'Express* (publier) _____ un reportage intéressant.
6. Léa a téléphoné qu'elle (ne pas venir) _____, j'en étais sûr.
7. Je me suis aperçu que le réfrigérateur (ne plus marcher) _____.
8. La radio a annoncé qu'il (faire) _____ très beau le week-end.
9. Hier nous avons rencontré la fille que tu nous (présenter) _____ la semaine dernière.
10. Cette histoire remonte aux temps où nous (être) _____ encore étudiants.
11. Nous espérions que vous (réussir) _____ au concours.
12. Le professeur lui a demandé ce qu'il (faire) _____ plus tard.
13. Elle m'a dit qu'elle (aller) _____ porter sa montre chez l'horloger.
14. Les exercices que nous (venir) _____ de faire sont difficiles.
15. Il (venir) _____ nous voir avec un certain cousin à lui.
16. Sophie avait largement de quoi vivre avec ce que lui (laisser) _____ son mari.
17. Je lui ai demandé ce qui lui (faire) _____ plaisir pour son anniversaire.
18. Paul m'a montré le CD qu'il (venir) _____ d'acheter.
19. J'ai trouvé les disques que je (chercher) _____ depuis longtemps.
20. La semaine dernière, ma mère m'a dit qu'elle (venir) _____ me voir, mais elle n'est pas passée.
21. Trois suspects (être) _____ arrêtés et interrogés par la police.
22. Ils (voyager) _____ souvent avant la naissance de leur enfant.
23. Nous avons perdu nos clés et nous (devoir) _____ appeler les pompiers.

24. Le médecin l'a convaincu que l'opération (ne pas être) _____ grave.
25. Tu rentres trop tard, tes amis (venir) _____ de partir.
26. Mme Foulon trouve qu'elle (dépenser) _____ trop d'argent le mois dernier.
27. Sophie pensait que Marco la (aider) _____ dans cette affaire.
28. Isabelle et sa sœur (s'inscrire) _____ à une auto-école.
29. On nous a demandé dans combien de temps nous (partir) _____.
30. Léa (ne pas avoir) _____ peur quand le chien s'est jeté sur elle.

单元 15

指示代词、主有代词

52 用简单指示代词填空（根据需要添加合适的词）：

1. Il a visité mon appartement et _____ Jacques.
2. Parmi toutes ces propositions, _____ Patrick me semble la plus raisonnable.
3. Les pneus arrière sont usés, mais _____ devant sont encore en bon état.
4. Au lieu de prendre les clés de la maison, j'ai pris _____ le garage.
5. Tu as vu son nouveau jouet ? C'est _____ ses grands-parents lui ont offert.
6. Cette robe ressemble à _____ on portait dans les années 80.
7. Garde ces timbres-ci et vends plutôt _____ ont peu de valeur.
8. J'ai acheté plusieurs lampes pour remplacer _____ ne marchent plus.
9. La mode actuelle est plus pratique que _____ nos grands-mères.
10. À qui est ce chien ? à M. Leroi ? – Non, _____ M. Leroi est plus petit.
11. Parle à voix basse, tu déranges _____ travaillent.
12. _____ veulent prendre part à la course doivent s'inscrire le plus vite possible.
13. _____ ne travaille pas ne mangera pas.
14. Zut, j'ai raté le train ! – Ça ne fait rien, tu prendras _____ après.
15. Ne jette pas ces photos. Ce sont justement _____ je veux garder.
16. M. Dupont a fait un petit discours pour remercier _____ l'avaient élu.
17. Pour faire un peu de place, elle a sorti les caisses et jeté _____ elle n'avait pas besoin.
18. Comme ma voiture est en panne, j'ai pris _____ René pour aller à mon travail.

19. _____ parle avec un vieux monsieur est mon voisin du dessus.
20. Il y a de nombreuses pistes de ski en France. _____ les Alpes sont les plus fréquentées.

> **难点解读**
> - 指示代词用来替代上文出现过的名词，须与所替代的名词保持性、数一致。
> - 简单指示代词后接由介词 de 引导的补语（题 1、2 等）或由关系代词引导的关系从句（题 5、6 等）。
> - celui qui …, ceux qui … 置于句首，泛指人们；其中 ceux qui … 泛指的对象有一定的范围（题 12、13）。
> - celui / celle qui … 置于句首，也可以确指某人（题 19）。
> - 简单指示代词后接关系从句，根据意思可采用不同的关系代词（题 16、17 等）。

53 用复合指示代词填空：

1. Ce manteau ne me plaît pas, mais regarde, _____ est très bien.
2. Montrez-moi cette montre-ci. Ou plutôt _____.
3. Paul a choisi ces magazines-ci, moi j'ai choisi _____.
4. Faites développer ces photos, mais pas _____.
5. Y a-t-il un train qui part à onze heures ? – Oui, mais _____ part dans une demi-heure.
6. _____ parle anglais beaucoup mieux que celui-là.
7. Elle hésite entre ces deux bagues, mais _____ lui paraît plus belle que _____.
8. Tu veux quels jouets ? _____ ou _____ ?
9. Prenez cette chaise, moi, je prends _____.
10. Ma femme préfère l'avion au train, car _____ est plus rapide.
11. Quelle est ta maison ? celle-ci ? – Non, _____, tout au bout de la rue.
12. Il faudra remplacer les meubles, _____ sont vraiment démodés.
13. Choisissez une cravate : _____ est très jolie ; _____ est plus simple.
14. Je voudrais changer de studio, _____ est trop petit.

15. Un journaliste pose une question à un étranger, alors _____ semble un peu embarrassé.

> **难点解读**
>
> - 复合指示代词可以独立使用，带 -ci 的指近者，意为"这个"，带 -là 的指远者，意为"那个"；采用带 -ci 还是带 -là 的复合指示代词根据句子意思而定（题 1、2 等）。
> - 如果带 -ci 和带 -là 的复合指示代词同时出现，则应先出现带 -ci 的复合指示代词（题 7、8 等）。
> - 根据上下文，celui-ci, celle-ci 可指"后者"，celui-là, celle-là 可指"前者"（题 10、15）。

54 用简单指示代词或复合指示代词填空（根据用法添加合适的词）：

1. Tu aimes cette chemise ? Moi, je préfère _____ mon frère.
2. Ce n'est pas mon chien, c'est _____ la concierge.
3. Prends cette rue à gauche. Non, pas _____, celle-là !
4. Tu cherches des livres ? Dis-moi _____ te manquent.
5. Les bâtiments de Paris sont plus historiques que _____ New York.
6. Je suis satisfait des notes de mes enfants. _____ mon fils sont bonnes et _____ ma fille excellentes.
7. Regardez ces deux voitures : _____ est moderne, _____ est d'un type nouveau.
8. Votre montre est très belle, mais j'ai un faible pour _____ Francine.
9. Il pense à ses problèmes, mais jamais à _____ les autres.
10. Ce dictionnaire français est beaucoup meilleur que _____.
11. _____ veulent rester, levez le doigt !
12. Je n'avais pas de dictionnaire. Alors j'ai emprunté _____ mon voisin.
13. N'achète pas ce vin, il est un peu trop fort, achète _____.
14. _____ rira dernier rira bien.
15. J'ai été retenu par _____ je t'avais parlé.
16. Ces garçons ? _____ sont plus intelligents, _____ plus travailleurs.

17. Je voudrais voir des tableaux originaux ; _____ sont des copies.

18. Tu portes toujours ces chaussures ? Mais ce sont _____ tu portais au mariage de Julie il y a deux ans !

19. Vous reconnaissez le cambrioleur ? – Oui, c'est _____ ! _____ porte une barbe !

20. Tiens, j'ai fait deux gâteaux, tu veux _____ ou _____ ? – _____ est au chocolat.

55 用主有代词或指示代词（根据需要加上合适的词）填空：

1. Tu as une très jolie robe. – _____ aussi est belle.

2. Je ne vois pas mon stylo ; celui-là n'est pas _____.

3. Puisqu'on n'arrive pas à s'entendre, moi, je sors avec mes amis, et toi avec _____.

4. Nos vacances se sont très bien passées ; et _____ ?

5. Entrez par la porte de derrière, _____ devant est bloquée.

6. Achète-toi quelques chemises, _____ sont toutes usées.

7. Ta voiture est différente de _____ : elle n'a que deux portes.

8. _____ je viens de te présenter est le cousin de Sophie.

9. Pour sortir, prenez la porte de derrière, _____ donne sur le jardin.

10. Il rencontre souvent ma femme, mais je n'ai jamais vu _____.

11. Mes clés sont dans ma poche, _____ doivent être dans ton sac.

12. Leur chien couche dehors ; _____ à la maison.

13. M. et Mme Durand étaient absents ; nous avons dû nous occuper de nos enfants et de _____.

14. Ses idées s'opposent à _____, ce qui ne facilite pas notre entente.

15. Il y a un espace de cinquante mètres entre notre maison et _____ nos voisins.

16. Mon stylo ne marche plus, passez-moi _____, je vous en prie.

17. Les gens n'ont pas le même goût, chacun a _____.

18. Paul aime faire des surprises à _____ il aime bien.

19. Jean, Marie ! les parents sont arrivés ? – _____ non, mais les vôtres oui.

20. Tu as dû faire une faute dans ton addition : ton résultat ne correspond pas à _____.

21. Il faut acheter du fil électrique, _____ la télévision ne va pas jusqu'à la prise.

22. Comment trouves-tu ma robe et _____ Aline ? – Ta robe est jolie mais _____ est encore plus belle.

23. La scène la plus émouvante est _____ les deux frères se retrouvent après la guerre.

24. Il a retrouvé _____ après dix ans d'absence.

25. Tu as demandé à tes parents ? – _____ sont d'accord pour me laisser partir.

难点解读

- 主有代词代替带有主有形容词的名词，并与被代替的名词保持性、数一致。
- 主有代词在句中可用作主语（题1、6等）、宾语（题10、16等）、表语（题2）或状语（题3），并可用于省略句（题4、19）。
- 除阴性单数词形外，主有代词如遇上介词 à 或 de 要进行缩合（题13、14、20）。
- 阳性复数主有代词可以表示家人（题24、25）。

单元 16 基础介词综合

56 用介词 à 或 de 填写下列各句：

1. La chaleur est difficile _____ supporter ces jours-ci : tout le monde a l'air fatigué.
2. Si vous vous faites livrer, il y a une somme supplémentaire _____ payer.
3. Qu'est-ce qu'il y a _____ manger ce soir ?
4. Ce n'est pas agréable _____ voyager debout dans le train.
5. Il est dangereux _____ utiliser ce produit.
6. Tout est _____ refaire dans cet appartement.
7. Avec tout l'argent qu'elle gagne, elle n'est pas _____ plaindre.
8. J'ai une nouvelle _____ vous apprendre : Sophie se mariera le mois prochain.
9. Sur la porte on lit : « Appartement _____ louer ».
10. Nous n'avons pas _____ nous plaindre, nous vivons bien.
11. Ses amis lui font des remarques sur sa façon _____ s'habiller.
12. _____ qui sont ces livres et ces magazines ?
13. La hauteur du mont Blanc est _____ 4807 mètres.
14. Son rêve, c'est _____ partir à l'étranger.
15. M. Dupont est _____ Marseille, il a l'accent du Midi.
16. _____ quelle nationalité êtes-vous ?
17. La France exporte du vin dans _____ nombreux pays étrangers.
18. Tous les matins, les enfants boivent un verre _____ jus d'orange.
19. Il y a trop _____ bruit dans cette pièce, je vais travailler ailleurs.
20. Les enfants, soyez sages, ne faites pas _____ bêtises.

难点解读

- 形容词可后接由介词 à 引导的动词不定式，充当其补语（题1）；若该动词不定式的宾语后置，或者该动词不定式为不及物动词，则采用介词 de（题4），无人称结构 il est + adj. 也采用 de 引导动词不定式（题5）。
- 名词也可以由介词 à 引导动词不定式，充当其补语，该动词不定式为直接及物动词（题9）；介词 à 还可用于 il y a / avoir qqch à + inf. 的结构中（题2、8等）。
- être 后接由介词 à 引导的动词不定式，其宾语前置，表示动作的必要性（题6、7）。
- avoir à + inf. 结构意思是"应该"、"必须"、"要"做某事（题10）。
- 抽象名词可以后接由介词 de 引导的动词不定式（题11）。
- être 后接数词须由介词 de 引导（题13）。
- 动词不定式置于 être 后，用作表语须由介词 de 引导（题14）。
- 介词 de 可以表示来源（题15、16）。

57 用介词 de, sur, entre, parmi, par, vers, sans, contre 填空：

1. On ne peut pas discuter : nos opinions _____ le problème sont complètement opposées.
2. Les rapports _____ ces deux pays sont moins tendus : on ne parle plus de guerre.
3. _____ ces bijoux, il y en a qui coûtent très cher.
4. Cette pièce mesure quatre mètres _____ cinq.
5. En France, plus d'une famille _____ deux possède un animal domestique.
6. Comment peut-il conduire _____ ses lunettes ?
7. Il fait très beau : on va faire _____ le bateau sur le lac du bois de Boulogne.
8. Chantal porte une très jolie robe _____ manches.
9. Tu fais _____ la musique ? – Oui, j'apprends le violon.
10. Vous pouvez lui faire confiance, c'est quelqu'un _____ très honnête.
11. Il n'y a rien _____ intéressant dans ce que tu m'as raconté.
12. Aux heures de pointe, dans le métro, les gens sont serrés les uns _____ les autres.
13. On a fait des études de faisabilité et personne n'est _____ le projet.
14. Quoi _____ plus beau qu'une forêt en automne !

15. Le gouvernement a pris des mesures énergiques _____ la hausse des prix.
16. Beaucoup de gens préfèrent regarder la télévision plutôt que _____ aller au cinéma.
17. Il s'est tourné _____ moi et m'a dit quelque chose à l'oreille.
18. L'enfant rentre de l'école tous les jours _____ cinq heures.
19. Pascal est sorti _____ la pluie, alors évidemment il a attrapé un rhume.
20. Elle prend sa fille _____ la main pour traverser la rue.

> **难点解读**
> - 介词 entre 表示两者之间，parmi 则指数者之间（题 2、3）。
> - 介词 sur 可以表示两者之间的比例关系（题 4、5）。
> - 介词 sans 后接名词，若名词表示泛指意义，无须用限定词（题 8）。
> - 泛指代词 quelqu'un, quelque chose, rien, personne 以及 quoi 可以由介词 de 引导形容词来修饰（题 10、11、14）。
> - 介词 contre 具有"靠"、"反对"、"抵御"等多种含义（题 12、13、15）。
> - plutôt que de + inf. 结构属于固定表达形式（题 16）。
> - 介词 par 可表示"在某种天气情况下"（题 19），也可表示行为的方式（题 20）。

58 用介词 à, de, en, pour 填空：

1. Tous les matins, des camions passent _____ enlever les ordures.
2. Ce n'est pas un film _____ les enfants, c'est un film _____ les adultes.
3. Nicolas court 100 mètres _____ 15 secondes.
4. C'est en quoi ? _____ coton ou _____ laine ?
5. Cette rue est dangereuse, il n'y a pas de trottoir _____ les piétons.
6. Qui a fouillé dans mon tiroir ? Tout est _____ désordre.
7. On a fait beaucoup de publicité _____ cette marque de lessive.
8. Pour le voyage, je t'ai préparé un sandwich _____ le jambon et des fruits.
9. Dans cette grande ville, on trouve beaucoup d'hôtels _____ cinq étoiles.
10. Alain est premier _____ mathématiques, c'est vraiment le plus fort.
11. Ce chef d'État viendra à Paris _____ une visite officielle de quatre jours.
12. Sophie est toujours _____ pantalon, elle ne met jamais de robe.

13. Elle est brune _____ les yeux noirs, et son frère est blond _____ les yeux bleus.

14. Les Durand ont peint les murs du salon _____ orange.

15. La piscine est profonde _____ trois mètres à cet endroit.

16. La production de cette année a augmenté _____ 10%.

17. Jeanne est maintenant étudiante _____ médecine.

18. Il y a _____ elle quelque chose que je ne comprends pas.

19. Chantal va bien dormir, elle est morte _____ fatigue.

20. À cette nouvelle, Marie a sauté _____ joie.

难点解读

- 介词 pour 后接动词不定式表示目的（题1），后接人的名词表示对象，解释为"适用于"、"对于"（题2、5），后接物的名词，解释为"关于"、"对于"（题7）或表示目的（题11）。
- 介词 en 后接不带冠词的名词，表示所用的材料（题4）、状态或处境（题6）、某个学科（题10）、衣着（题12）；en 和重读人称代词连用，表示在某人身上（题18）。
- 介词 à 可以表示特征，意为"具有"、"带有"（题8、9、13）。
- 介词 de 可以表示程度（题15、16）和原因（题19、20）。

59 用介词 à, de, en, avec, sur, sous, par 填空：

1. Les Européens mangent _____ la fourchette et le couteau.

2. J'ai une amie qui écrit _____ la main gauche.

3. Pierre peut y aller _____ pied, il habite tout près.

4. Cet été, pendant les vacances, nous voyagerons _____ bateau.

5. On pourra traverser la Manche _____ le train.

6. Ce pull est fait _____ la main ou _____ la machine ?

7. Oh ! que tu es jolie _____ cette robe !

8. Vous pourrez payer _____ chèque ou _____ la carte.

9. Nous payons notre loyer _____ mois ou _____ trimestre ?

10. Si vous n'êtes pas sûr du numéro, écrivez _____ le crayon, on vérifiera.

11. Ce four marche _____ le gaz ou _____ l'électricité ?
12. _____ un coup de pied, le gardien de but a envoyé le ballon au milieu du terrain.
13. Le patron lui a répondu _____ un ton sec.
14. Vous dînez _____ le menu ou _____ la carte.
15. Il dort _____ le dos, moi, je dors _____ le côté.
16. Vous ne pourrez pas passer tous à la fois : entrez un _____ un.
17. Il a convaincu tout le monde _____ son intelligence.
18. Les étudiants travaillent _____ la direction de leur professeur.
19. Répondez aux questions _____ oui ou _____ non.
20. Elle s'occupe _____ soin de sa grand-mère.

难点解读

- 介词 avec 可以表示"用"某物（题1），若涉及人体某部位，则采用介词 de（题2）。
- 介词 à 可以表示出行的方式（题3），又如 à vélo, à moto, à cheval；除此之外，表示出行方式的交通工具名称前通常用介词 en（题4），也可用介词 par（题5）。
- 介词 à 表示方式方法时有一些习惯用法，如手工制做、机器制造（题6）、用笔书写（题10）、使用能源（题11）等。
- 购物付费的三种表达方式为 par chèque, avec la carte, en argent liquide（题8）。
- 介词 de 引导方式状语通常涉及一些固定表达形式（题12、13）。
- dormir sur le dos 朝天睡，dormir sur le côté 侧睡（题15）。
- 介词 par 可用来表示方式（题16、17、19）。

60 用介词 à, de, avec, sur, en, par, pour 填空：

1. Tu es d'accord _____ moi ? – Absolument.
2. Je suis au courant _____ ce qui s'est passé.
3. Isabelle est gentille _____ tout le monde.
4. _____ mon avis, nous devrions partir tôt pour éviter les embouteillages.
5. Le soleil tape sur ce mur blanc, ça me fait mal _____ les yeux.
6. Cet élève est fort _____ chimie et _____ physique.

7. Faites attention _____ ce verre ! Le bord est cassé.
8. Le TGV roule _____ 260 kilomètres à l'heure.
9. Elle est trop jeune _____ faire ce travail toute seule.
10. Le verre est tombé _____ terre et il est cassé.
11. J'arrive tout de suite, j'en ai _____ deux minutes.
12. Henri fait partie _____ une équipe de football.
13. Cette région est connue _____ l'élevage de ses poulets bien gras.
14. J'ai confiance _____ lui, je l'ai choisi pour ce travail.
15. Nous en avons assez _____ ses répétitions.
16. Le loyer me coûte un tiers de mon salaire. – Que fais-tu _____ les deux tiers qui restent ?
17. _____ le plan politique, je ne sais pas du tout ce qu'il pense.
18. Seuls les étudiants ont droit _____ le restaurant universitaire.
19. Je te téléphone parce que je suis _____ passage à Paris. Je repars demain matin.
20. Il y a plusieurs solutions à ce jeu, à vous _____ trouver la bonne.

> **难点解读**
>
> ○ 上述各句中的介词用法涉及下列短语及表达法：
> être d'accord avec qqn 同意，赞同（题1）
> être au courant de qqch 了解、知道……（题2）
> être gentil avec qqn 体贴、对人和蔼（题3）
> à mon avis 依我看，在我看来（题4）
> faire mal à … 损害、弄痛……（题5）
> être fort en … 精通、擅长……（题6）
> faire attention à qqch 注意、当心……（题7）
> à … km à l'heure 时速……公里（题8）
> être trop … pour 太……以致不……（题9）
> tomber par terre 摔倒，掉落地上（题10）
> en avoir pour … 需要用……时间（题11）
> faire partie de qqch 是……一部分、一分子（题12）
> être connu pour qqch 以……出名（题13）
> avoir confiance en qqn 信任某人（题14）

en avoir assez de qqch 对……感到厌倦（题 15）
faire de qqch qqch 把……变为……（题 16）
sur le plan … 在……方面（题 17）
avoir droit à qqch 有……的权利（题 18）
être de passage … 路过……（题 19）
(c'est) à qqn de + inf. 该由某人做……（题 20）

61 用合适的介词填空：

1. À cause des nuages, on ne voit pas _____ étoiles ce soir.
2. L'eau est encore froide _____ se baigner.
3. Cet exercice n'est pas difficile _____ faire.
4. _____ quand faites-vous de la gymnastique ?
5. Il n'y a pas assez _____ eau dans le vase, il faudrait en remettre un peu.
6. Avant de partir _____ voiture, écoutez les prévisions de la météo.
7. Le directeur est occupé en ce moment, vous pourrez rappeler _____ vingt minutes.
8. Elle va chez le coiffeur une fois _____ semaine.
9. Nous sommes d'accord avec vous _____ certains points.
10. Pouvez-vous me donner un sac _____ papier ? Je n'ai rien pour mettre mes achats.
11. Cette table _____ verre est très jolie, l'inconvénient est qu'elle est fragile.
12. Dans l'autobus, il est interdit _____ parler au chauffeur.
13. Ce tissu est trop souple _____ faire des rideaux.
14. Ne mange pas tant _____ bonbons, tu vas t'abîmer les dents !
15. Dépêche-toi un peu ! Tes valises sont encore _____ faire !
16. Paul a quelle place _____ histoire ? – Il est troisième, il a fait des progrès.
17. Quel bruit ! Ce n'est pas possible de travailler _____ ces conditions.
18. Pierre a habité à Milan _____ 1990 _____ 1997. Ensuite, il est retourné en France.
19. Est-ce qu'il y a un médecin _____ les spectateurs ?
20. Il m'a donné l'autorisation _____ sortir.
21. Six élèves _____ dix ont été reçus à l'examen.

22. Résumez cet article _____ vingt lignes.
23. Michel a mal à la jambe, il marche _____ difficulté.
24. La France est célèbre _____ ses vins et ses fromages.
25. Jeanne me dépasse _____ une tête. Comme elle a grandi !
26. Comment, il est dix heures et tu es encore _____ pyjama !
27. Le plus simple pour vous est _____ venir par le boulevard Voltaire.
28. Cet été, vous descendez à l'hôtel ou vous faites _____ le camping ?
29. Je te trouve vraiment affreux _____ ce chapeau.
30. Ils vivent _____ cinq dans un appartement de deux pièces.
31. Tu préfères une glace _____ le café ou _____ le chocolat ?
32. _____ ma grande surprise, j'ai été augmenté ce mois-ci.
33. Ce roman sera _____ deux volumes, le premier vient de paraître.
34. Ne conduis pas si vite, il y a du brouillard et on ne voit pas _____ cinq mètres.
35. Ils ont bien fait _____ demander notre avis.
36. Les prix ont augmenté _____ 10% depuis l'année dernière.
37. Les agents l'ont emmené au poste parce qu'il n'avait pas ses papiers _____ lui.
38. Je ne savais pas pour quelle raison elle s'est fâchée _____ moi.
39. On a mis une heure pour traverser la ville, tellement il y avait _____ embouteillages.
40. J'ai beau retourner ce tableau _____ tous les sens, je ne vois pas ce qu'il représente.

> **难点解读**
>
> ○ dans ces conditions 系固定词组，解释为"在这种情况下"（题17）。
> ○ 介词 en 可用来表示方式和形式（题22、33）。
> ○ 介词 à 可以表示数量（题30）和距离（题34）。
> ○ 介词 à 还可以表示反应，解释"使……"、"感到……"（题32）。
> ○ faire bien de + inf. 属于固定用法，意为"做……是对的"（题35）。
> ○ 介词 sur 后接重读人称代词，表示"随身"携带某物（题37）。
> ○ 副词 tellement 可以后接由介词 de 引导的名词（题39）。

单元 17
介词与动词

62 用合适的介词填空，注意介词和动词的搭配用法（一）：

1. Quand vous sortez _____ le métro, la rue de Montparnasse est sur votre gauche.
2. Le vent vient _____ l'ouest aujourd'hui ; il pleuvra peut-être.
3. Si vous passez _____ Paris, venez me voir.
4. Tu regardes la télé et moi, je monte _____ ma chambre.
5. Les voyageurs descendent _____ le train l'un après l'autre.
6. Il y a eu un accident : un enfant est tombé _____ le troisième étage.
7. Te voilà ! On est en train de parler _____ le cinéma français.
8. Elle a téléphoné _____ ses parents pour demander leur avis.
9. Jean-Louis préfère la peinture _____ la musique.
10. Pendant qu'elle monte l'escalier, elle pense _____ son père qui est bien malade.
11. Paul ne peut pas répondre _____ cette question.
12. À quel âge ton fils a-t-il commencer _____ parler ?
13. L'enfant a fini _____ pleurer : il était peut-être fatigué.
14. Je suis obligé _____ partir, j'ai rendez-vous.
15. Pierre change souvent _____ avis selon les circonstances.
16. M. Durand fait _____ le jardinage tous les dimanches.
17. Je suis en retard, j'ai mis une heure _____ venir.
18. Cette maison est _____ vendre, je l'achèterais bien.
19. Il a passé deux heures au téléphone _____ parler avec ma sœur.
20. Il nous faut deux journées entières _____ peindre la cuisine.

21. Après le dîner, elle se met _____ le piano pour nous jouer quelques morceaux.

22. Ce roman d'amour plaira beaucoup _____ les personnes sentimentales.

23. Le samedi soir, Marie s'occupe _____ les enfants de Mme Leblanc.

24. J'ai appris que tu étais reçu _____ ton examen.

25. Anne se mariera _____ un ouvrier, mais ses parents n'approuvent pas ce mariage.

26. M. Dupont loue son appartement _____ des étudiants.

27. _____ quel pays la France achète-t-elle le pétrole ?

28. J'hésite _____ la valise et le sac. – Prenez les deux.

29. On a divisé la classe _____ trois groupes de dix élèves.

30. Je vais partager _____ Georges l'addition du repas.

难点解读

○ 介词，主要是 à 和 de，除了自身的各种含义及用法外，还可以与动词搭配使用，其搭配取决于动词的用法；介词与动词搭配时，一般仅起语法作用，本身不表达任何意思。

63 用合适的介词填空，注意介词和动词的搭配用法（二）：

1. N'oublie pas _____ me rapporter la guitare.

2. Elle a choisi _____ continuer ses études en France.

3. J'essaierai _____ terminer tout cela avant six heures.

4. Nous projetons _____ faire un séjour au bord de la mer.

5. Ce concours permettra _____ gagner de nombreux prix.

6. Mes parents me recommandent _____ être prudent dans cette affaire.

7. Son ex-mari refusait toujours _____ reconnaître ses torts.

8. Pourquoi la vieille dame n'arrête-t-elle pas _____ se plaindre ?

9. Je regrette _____ vous avoir parlé si durement.

10. Nous nous dépêchons _____ rentrer avant la pluie.

11. Vous n'allez quand même pas interdire aux enfants _____ jouer dans l'herbe.

12. Les élèves ont cessé _____ parler dès que le professeur est arrivé.

13. Prenez ma main, je vais vous aider _____ vous relever.

14. Il faut pousser Pierre _____ travailler, sinon, il ne ferait rien.

15. On devrait encourager les jeunes _____ rester dans leur ville au lieu d'aller à Paris.
16. Personne ne l'invite _____ danser, c'est pour ça qu'elle est de mauvaise humeur.
17. Ne le forcez pas _____ se lever : il est malade.
18. L'année prochaine, Pascal apprendra _____ dessiner.
19. Je cherche _____ la comprendre, mais je n'y arrive pas.
20. Ce vieux monsieur hésite _____ traverser, je vais l'aider.
21. Les élèves continuent _____ faire des exercices après la classe.
22. La police n'a pas réussi _____ retrouver le coupable.
23. À l'école, j'aimais bien l'histoire, mais je n'arrivais pas _____ retenir les dates.
24. Si on veut aller au théâtre samedi, il faudrait penser _____ prendre des billets.
25. Les enfants s'amusent _____ glisser sur la glace.
26. La plupart des étudiants ont participé _____ la manifestation.
27. Pourquoi ses parents s'opposent-ils _____ son mariage ?
28. Je n'ai pas été surpris, je m'attendais _____ ce résultat.
29. Ce n'est pas par ici, on a dû se tromper _____ chemin.
30. Vos voisins se plaignent tout le temps _____ le bruit que vous faites.

> **难点解读**
>
> ○ 有相当一部分及物动词与介词的搭配使用是有一定规律可循的,在自习中可以参阅及物动词与介词 à 和 de 部分(第86页),并用心体会,会有收获。

64 用合适的介词填空,注意介词和动词的搭配用法(三):

1. Pour la Saint-Valentin, je vais assister _____ le mariage de ma cousine.
2. Que penses-tu _____ René ? – Oh ! C'est un garçon très sympathique.
3. Je m'intéresse _____ ce qui se passe dans le monde.
4. Tu y crois, toi, _____ la vie éternelle ?
5. Mon voisin se sert _____ sa voiture pour aller au travail.
6. Je me souviendrai toujours _____ mon voyage en Europe.
7. Nous ne nous sommes pas aperçus _____ son départ.

8. Je ne bougerai pas _____ chez moi ce soir.
9. Le bateau s'éloigne _____ la côte, bientôt on ne le verra plus.
10. Toutes les rues aboutissent _____ un rond-point.
11. La population française s'élève _____ 55 millions d'habitants.
12. Je pense qu'il ne renoncera pas _____ son projet.
13. Cette petite pluie ne nous empêche pas _____ sortir.
14. Tant que vous avez de la fièvre, vous devez éviter _____ sortir.
15. Il suffirait _____ quelques efforts pour arriver à ce but.
16. C'est de l'inflation qu'il s'agit, pas _____ autre chose.
17. Le voleur a été condamné _____ un an de prison.
18. Ce qu'il aime, c'est un appartement à Paris ; moi, je rêve _____ une grande maison à la campagne.
19. Cette machine sert _____ éplucher les pommes de terre.
20. Il s'approche _____ la fenêtre pour mieux voir.
21. C'est Jacques qui se charge _____ l'organisation du voyage.
22. Elle a tort de se moquer _____ son petit frère.
23. M. Dupuis a remercié le jeune homme _____ l'avoir aidé.
24. Le match de football s'est terminé _____ un résultat nul.
25. Elle manque _____ patience avec ses enfants.
26. Ces vieux journaux sont _____ jeter.
27. Mes copains craignent _____ manquer cette bonne occasion.
28. Jean ne s'habitue pas _____ la vie en ville, il regrette beaucoup la vie à la campagne.
29. Il nous a prévenus par téléphone _____ son arrivée dimanche à Paris.
30. On s'est précipité pour voir le blessé, mais la police a obligé la foule _____ reculer.

难点解读

○ 尽管相当数量的及物动词与介词 à 和 de 的搭配用法有一定规律可循，但仍有不少动词与介词的搭配属固定用法。因此，在学习过程中须反复背诵，才能达到熟记的目的。这部分练习以及下一组练习集中了这一类常见的动词与介词的搭配用法。

65 用合适的介词填空，注意介词和动词（短语）的搭配用法（四）：

1. Paul est vraiment pâle, il a besoin _____ vacances.
2. Je n'ai pas assez d'argent _____ acheter cette valise.
3. Cette cravate ne va pas du tout _____ ta chemise.
4. Ma montre retarde _____ cinq minutes.
5. Venez dîner chez nous, vous ferez connaissance _____ les Durand.
6. Toute cette affaire est mystérieuse, la police aura du mal _____ mener l'enquête.
7. Je peux compter _____ vous ? – Oui, ce sera terminé ce soir.
8. Les côtes de Bretagne sont souvent couvertes _____ rochers.
9. Vous avez de la chance : vos fenêtres donnent juste _____ le parc.
10. Il n'y a jamais de place dans cette rue, tu ferais mieux _____ mettre ta voiture au parking.
11. Nous avons transformé la petite pièce _____ cabinet de travail.
12. Tu t'habilles toujours _____ noir. À ton âge, il faut mettre des couleurs claires.
13. Ne te fâche pas _____ ta sœur, elle ne l'a pas fait exprès.
14. Si le lac gèle, les poissons risquent _____ mourir.
15. Il ne s'entend pas _____ ses parents, ils n'ont pas les mêmes opinions politiques.
16. Mon fils a échangé un jeu vidéo _____ une petite voiture.
17. Il faut appuyer _____ le bouton de droite pour faire marcher l'appareil.
18. Il ne tient jamais compte _____ les conseils de son père.
19. Cette crème protégera votre peau _____ les rayons du soleil.
20. Excusez-moi, je me suis trompé, je vous avais pris _____ un autre.
21. La discussion porte _____ la politique du gouvernement.
22. J'ai fait peindre la chambre _____ les enfants, ça les a beaucoup amusés.
23. Quand il se met _____ colère, il devient tout rouge.
24. Je suis attiré _____ le ski, mais ça me fait un peu peur.
25. Paul n'a plus de travail, sa femme non plus, _____ quoi vivent-ils?
26. Mets tes papiers _____ ordre si tu veux pouvoir retrouver ce que tu cherches.
27. Mon père était _____ une famille pauvre, et il a été obligé de travailler très jeune.

28. Je ne vous ai pas fait part _____ mes projets parce qu'ils n'étaient pas encore sûrs.

29. C'est vrai qu'il a voté _____ le candidat de la gauche.

30. Cette mort est due _____ un accident.

难点解读

- 这组练习主要涉及一些动词（短语）的用法，具体解释如下：

  题 5：faire connaissance avec qqn "结识某人"

  题 6：avoir du mal à faire qqch "做某事感到困难"

  题 7：compter sur qqn "依靠、指望某人"

  题 9：donner sur … "（门窗等）朝向……"

  题 11：transformer qqch en qqch "将……改变成……"

  题 12：s'habiller en noir "穿黑色服装"，en 意为 "穿、戴着"

  题 13：se fâcher contre qqn "对某人发火、生气"

  题 15：s'entendre avec qqn "和某人融洽相处"

  题 16：échanger qqch contre qqch "以一物换一物"

  题 18：tenir compte de qqch "重视、考虑某事"

  题 20：prendre qqn pour un autre "把某人当成某人"

  题 21：porter sur qqch "针对某事"

  题 23：se mettre en colère "发火"

  题 25：vivre de qqch "靠……生活过日子"

  题 28：faire part de qqch à qqn "把某事告诉某人"

  题 29：voter pour / contre qqn "投票赞成/反对某人"

  题 30：être dû (due) à qqch "由于、起因于某事"

单元 18 介词与形容词

66 用合适的介词引导形容词补语：

1. content _____ ses succès
2. bon _____ les animaux
3. large _____ deux mètres
4. plein _____ livres
5. attentif _____ son travail
6. utile _____ sa patrie
7. capable _____ réussir
8. fort _____ mathématiques
9. gentil _____ les autres
10. agréable _____ regarder
11. occupé _____ relire son manuscrit
12. sensible _____ le froid
13. sévère _____ soi-même
14. indulgent _____ les autres
15. curieux _____ savoir
16. fâché _____ sa femme
17. habile _____ la calligraphie
18. fier _____ sa réussite
19. fidèle _____ le poste
20. semblable _____ quelqu'un

21. assidu _____ son travail
22. soigneux _____ sa santé
23. respectueux _____ ses parents
24. digne _____ admiration
25. nuisible _____ la santé
26. avide _____ le bien d'autrui
27. gourmand _____ choses sucrées
28. facile _____ comprendre
29. doux _____ l'oreille
30. susceptible _____ être amélioré

> **难点解读**
>
> - 介词可以引导形容词补语，该补语通常为名词，偶尔也可以是代词或动词。不同的形容词根据其用法与不同的介词搭配，构成形容词 + 介词 + 补语这一固定结构。形容词与介词的搭配复杂多样，尚无规律可循。这组练习集中了一些常用的形容词，具有一定的代表性。

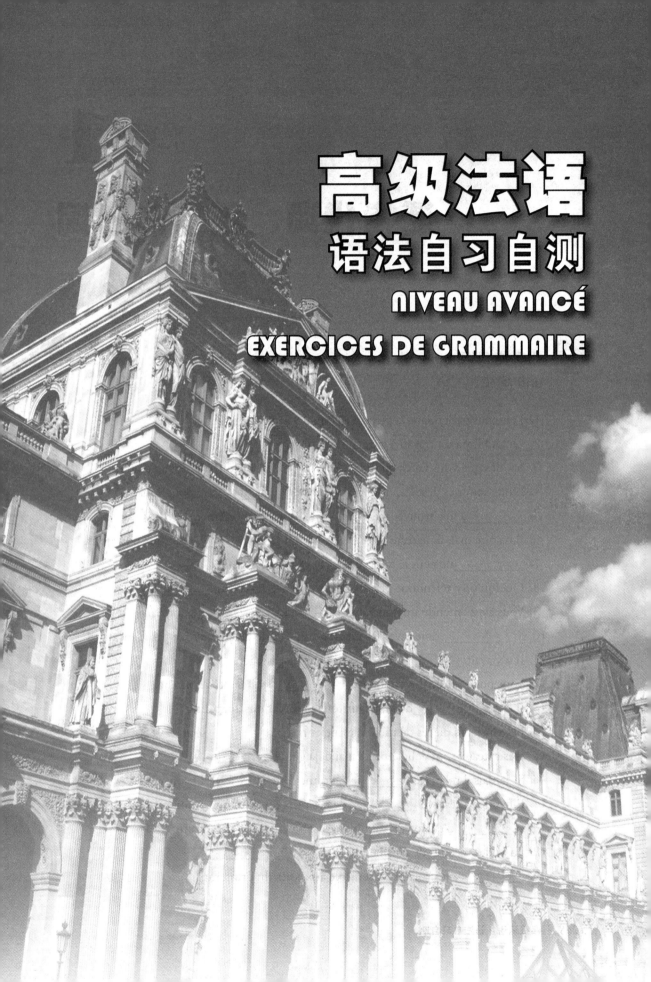

单元 1
泛指代词、泛指形容词

1 用泛指代词 quelqu'un, personne, quelque chose, rien, quelques-uns 填空：

1. J'entends parler dans la pièce d'à côté, il y a sûrement _____.
2. Quand il y a un travail à faire, il n'y a plus _____.
3. Ici, dès que vous faites ou dites _____, tout le quartier est au courant.
4. Nous sommes désolés, nous ne pouvons _____ faire pour vous.
5. _____ n'a trouvé une explication à son comportement.
6. Il respire mal, il n'arrête pas de tousser. Il doit avoir _____ aux poumons.
7. _____ ne peut le faire reculer devant les difficultés.
8. Quelqu'un a téléphoné pendant mon absence ? – Non, _____.
9. Vous avez entendu quelque chose ? – Non, _____, je dormais.
10. Si _____ doit payer les réparations, c'est le propriétaire et pas le locataire.
11. Il n'y avait _____ de blessé parmi les passagers.
12. Vous pouvez lui faire confiance, c'est _____ de très honnête.
13. Il n'y a _____ de vrai dans tout ce qu'il nous a raconté.
14. J'ai plusieurs pièces de monnaie anciennes ; _____ sont de 1850.
15. Ces gâteaux sont délicieux. J'en ai déjà goûté _____.
16. Si jamais il m'arrive _____, donne cette lettre à M. Delon.
17. Elle nous a réservé _____ de ces plats du Midi que j'aime tant.
18. _____ d'entre eux sont blessés dans l'accident de voiture.
19. Tu as des recettes de cuisine italienne ? – Oui, _____.
20. _____, je crois, n'est sensible aux joies du printemps.

> **难点解读**
>
> - 泛指代词 personne, rien 与 ne 连用，作主语的结构为 personne ne …, rien ne …（题5、7），作宾语的结构为 ne … personne, ne … rien（题2、4）；personne 和 rien 也可用于省略句（题8、9）。
> - 泛指代词 quelqu'un, personne, quelque chose, rien 可以被形容词修饰，但须由介词 de 引导（题11、12、13）。
> - 泛指代词 quelques-uns, 阴性形式为 quelques-unes, 可以指人也可以指物，可单独使用（题14）或由介词 de 引出一个补语（题17），也可以与副代词 en 配合（题15）或用于省略句（题19）。

2 用泛指形容词 quelque(s), certain(s), plusieurs, autre(s) 填空：

1. Vous avez de la chance, il reste seulement _____ places libres.
2. _____ robes sont chères, mais elles sont à la mode et de bonne qualité.
3. J'ai essayé _____ fois, mais je n'y arrive toujours pas.
4. Les Durand ont encore deux _____ enfants.
5. Donnez-moi un _____ couteau, celui-ci ne coupe pas.
6. La police a _____ informations sur le cambriolage, mais quelques-unes restent à vérifier.
7. Il faut _____ patience pour arriver à ce but.
8. _____ élèves ont plus de peine que d'autres à fixer leur attention.
9. Connaissez-vous un _____ M. Lambert, qui prétend être de vos amis ?
10. Ça fait _____ jours que je n'ai pas de nouvelles de Marie.
11. Dans la réunion, seulement _____ personnes n'étaient pas d'accord.
12. _____ hôtels disposent d'un service de garderie.
13. Isabelle nous a répondu avec _____ retard.
14. J'ai déjà _____ rendez-vous vendredi ; pouvez-vous venir jeudi ?
15. On ne peut pas comprendre cette théorie si on n'a pas _____ connaissances mathématiques.
16. Je n'ai pas de _____ désir que de vous satisfaire.
17. Les _____ personnes qui étaient ici sont parties.
18. Je suis d'accord, tu demanderas l'avis des _____ personnes.

19. Si tu apprends _____ nouvelle, passe-moi un coup de fil.
20. Il a montré un _____ courage au moment de l'accident.

> **难点解读**
>
> - 泛指形容词 quelques "几个"（题 1、6 等）、certains "某些"（题 2、8 等）、plusieurs "好几个"（题 3、10 等）可以根据各自的含义加以区别。
> - 泛指形容词 autre(s) 与不定冠词或其他限定词一起使用（题 4、5）。
> - 泛指形容词 quelque 用作单数时，不与冠词连用，常用于抽象名词前，意为"一点"、"某些"（题 7、13 等）；certain 作单数时，与不定冠词配合，用于具体名词前意为"某个"（题 9），用于抽象名词前意为"某些"（题 20）。
> - quelques 前置定冠词、主有形容词或指示形容词，表示"极少的几个"（题 17）。

3 用泛指代词 certains, plusieurs, autre(s), chacun, aucun, même(s) 填空：

1. _____ croient que treize est un chiffre qui porte bonheur.
2. Regarde ces robes ! Il y en a _____ qui me plaisent.
3. Parmi ces tableaux, _____ sont assez beaux.
4. _____ m'ont déjà raconté cette histoire.
5. Comme il a de l'argent, Jean se croit supérieur aux _____.
6. Cette histoire m'en rappelle une _____, vous voulez que je vous raconte ?
7. Ces lunettes sont trop grandes. Vous n'en avez pas de _____ ?
8. _____ ont été contents de notre travail, d'autres nous ont critiqués.
9. _____ doit prendre ses propres responsabilités.
10. Nous sommes quatre, nous prendrons donc _____ un quart du gâteau.
11. Frédéric a offert trois livres à son fils pour son anniversaire, mais _____ ne lui plaît.
12. _____ de ses amis n'est venu le voir à l'hôpital.
13. _____ des élèves doit répondre à un questionnaire.
14. Il dit qu'il m'a envoyé plusieurs cartes postales, mais je n'en ai reçu _____.
15. Elle n'a pas changé, elle est toujours la _____.

16. Ces chaussures sont trop grandes, vous n'auriez pas les _____ en 37 ?
17. _____ d'entre eux travaillent dans le secteur tertiaire.
18. À l'usine, il y a plusieurs équipes d'ouvriers, les uns travaillent de jour, les _____ de nuit.
19. Vous avez des nouvelles de Fernand ? – Non, _____.
20. Malgré le rendez-vous, il n'a trouvé _____ d'entre vous.

难点解读

- 泛指代词 certains 可以单独使用或由介词 de 引导一个补语（题 1、3、17）；certains 还可以与 d'autres 配合使用（题 8）。
- 泛指代词 plusieurs 可以单独使用或由介词 de 引导一个补语，也可与副代词 en 配合使用（题 2、4）。
- 泛指代词 autre 可以与副代词 en 一起使用（题 6、7）；autre 与定冠词配合，和 l'un 构成 l'un … l'autre, les uns … les autres（题 18）。此外，les autres 还可解释为"其他人"（题 5）。
- 泛指代词 chacun 用作主语（题 9）或同位语（题 10），还可由介词 de 引出一个补语（题 13）。
- 泛指代词 aucun 单独使用或由介词 de 引导补语，并与 ne 连用，表示否定（题 11、12）；aucun 可以与副代词 en 配合使用，也可用于省略句（题 14、19）。
- 泛指代词 même 和定冠词一起使用，意为"同样的人"、"同样的事物"（题 15、16）。

4 用泛指形容词 chaque, tout, aucun, nul, même, tel 填空：

1. _____ année, aux vacances, il se rendait dans les Alpes.
2. L'institutrice corrige le devoir de _____ élève.
3. Comment a-t-il pu faire _____ ce travail en si peu de temps ?
4. _____ les agences nous ont dit que _____ les hôtels étaient complets.
5. Pour Jacques, tout cela n'a _____ importance.
6. _____ passager n'a oublié son bagage à main.
7. Cet enfant fait ses devoirs sans _____ difficulté.

8. Nous n'avons _____ besoin de votre aide.

9. Sans _____ doute, il manquera l'avion.

10. À la radio, on passe souvent le _____ disque plusieurs fois dans la _____ journée.

11. Cet été, je partirai en vacances avec les _____ copains que l'année dernière.

12. Je ne m'attendais pas à une _____ réponse.

13. Elle partira : _____ est sa décision.

14. Attendez ! Chacun son tour ! _____ passager a un ticket avec un numéro !

15. _____ ceux qui ont visité la Suisse en ont admiré les beautés.

16. Il y a un bus qui passe _____ les dix minutes.

17. Il n'a _____ possibilité de réussir.

18. On ne peut pas tolérer une _____ imprudence.

19. Si vous êtes courageux et méthodique, _____ difficulté ne vous arrêtera.

20. Ces deux frères ne se ressemblent guère : ils n'ont ni les _____ caractères ni les _____ goûts.

难点解读

- 泛指形容词 aucun 可以与 ne 连用，也可以与 sans 配合使用（题5、6、7等）。
- 泛指形容词 nul 的用法和 aucun 相同，但使用 aucun 较为普遍（题8、9等）。
- 泛指形容词 même 与定冠词一起使用，并可以由连词 que 引出一个比较成分（题10、11等）。
- 泛指形容词 tel 与不定冠词一起使用，也可以采用倒装词序用作表语（题12、13等）。

5 用合适的泛指代词或泛指形容词填空：

1. Regarde le chien qui gratte la terre, il doit chercher _____.

2. Allume la lumière, on ne voit _____ ici.

3. La situation est critique : _____ ne veut céder, il n'y a pas de solution.

4. Ce journaliste a fait _____ reportages sur la Chine.

5. Dans _____ cas, il vaut mieux ne pas se faire remarquer.

6. Mercredi, je ne serai pas libre, viens un _____ jour.

7. La bouteille de vin est vide, apportes-en une _____.
8. Marie est toujours en pantalon, _____ trouvent que cette façon de s'habiller est un peu masculin.
9. Il a deux enfants, sa fille aînée fait ses études de médecine, l'_____ est encore au lycée.
10. Ne prends pas les jouets des _____ ! Tu as les tiens !
11. Vous ressemblez à votre frère : vous avez exactement les _____ yeux.
12. Ce que Pierre dit n'a _____ rapport avec ce que Paul m'a raconté.
13. Ne vous inquiétez pas, j'ai _____ préparé.
14. J'adore ces gâteaux. Je voudrais les acheter _____.
15. Michel a acheté le _____ ordinateur que moi.
16. Ce sont toujours les _____ qui travaillent.
17. Fais comme tu veux, mais n'empêche pas les _____.
18. La discussion a été inutile, _____ est resté sur ses positions.
19. Ses enfants ont _____ leur chambre. Chaque chambre a un bureau.
20. Les professions sont diverses, mais _____ ont leur noblesse.
21. Il n'est pas très vieux, mais il a déjà un _____ âge.
22. _____ jours avant son départ, elle est venue me voir.
23. Tu connais les chansons de Cabrel ? – Pas toutes, seulement _____.
24. Que personne ne bouge, que _____ reste à sa place.
25. Il accordait à ses visiteurs dix minutes _____.
26. Ces _____ pierres, c'est tout ce qui reste de la maison après l'incendie.
27. Je voudrais acheter un four, mais je n'ai _____ idée des prix.
28. C'est un livre quelconque, sans _____ intérêt.
29. Il y en a _____ qui ignorent l'importance de ce travail.
30. _____ de ses élèves n'a raté l'examen.
31. Je vois que tu aimes ces bonbons : tu en veux _____ ?
32. _____ d'entre eux sont blessés dans l'accident de voiture.
33. Ton fils a une très jolie chemise. Où pourrais-je acheter la _____ pour Jean ?
34. _____ de nos lecteurs ont deviné la solution.
35. Cela a duré longtemps : il m'a posé _____ questions.
36. _____ élève doit remplir ce formulaire pour s'inscrire au concours.
37. Un _____ comportement est inacceptable.
38. Je ne prendrai que des fruits, je ne veux rien de _____.

39. M. Dupuis a _____ expérience pour installer le chauffage.
40. _____ de mes amis n'est capable de réparer cet ordinateur.

6 用 n'importe qui, n'importe quoi, n'importe quand, n'importe où, n'importe comment, n'importe quel, n'importe lequel 填写下列各句：

1. _____ pourrait entrer.
2. Il dit _____, je ne le crois pas.
3. Viens _____, je ne bougerai pas de chez moi.
4. Cet enfant laisse ses jouets _____.
5. Sophie n'est pas comme les autres, elle s'habille _____.
6. J'achèterais cet appartement à _____ prix.
7. Quelle cravate est-ce que tu mets ce soir ? – _____.
8. Dimanche, on va se promener _____.
9. _____ pourrait vous le confirmer.
10. C'est bizarre, il peut dormir _____.
11. Tu pourras passer chez moi à _____ heure.
12. Quel gâteau voulez-vous ? – _____, ils ont tous l'air délicieux.
13. Tu n'as rien compris, tu dis _____.
14. _____ renseignement pourra nous être utile.
15. Pendant les vacances, il part _____, mais il part.
16. Ce jeune homme travaille vraiment _____.

> **难点解读**
>
> ○ n'importe 与疑问词 qui, quoi, quand, où 等构成 n'importe qui（无论是谁）、n'importe quoi（不论何事、何物）、n'importe quand（无论何时）、n'importe où（无论何处）、n'importe comment（无论怎样）、n'importe quel（不论怎样的）、n'importe lequel（无论哪一个）。

单元 2

条件式过去时

7 将下列各句的条件式现在时改成条件式过去时：

1. Je prendrais trois semaines de congé.

    → Je …

2. Tu préviendrais tes parents, tes frères et tes sœurs.

    → Tu …

3. Il achèterait un maillot de bain et un sac de couchage.

    → Il …

4. Nous nous coucherions tôt la veille du départ.

    → Nous …

5. Vous arriveriez en avance à la gare pour prendre votre train.

    → Vous …

6. Ils descendraient de l'avion à l'aéroport de Nice.

    → Ils …

7. Cet avion atteindrait les 3000 kilomètres / heure.

    → Cet avion …

8. Les voyageurs prendraient le car pour aller sur la Côte d'Azur.

    → Les voyageurs …

9. Certains se baigneraient dans la mer, d'autres prendraient un bain de soleil.

    → Certains …

10. Les vacanciers découvriraient une autre façon de vivre.

    → Les vacanciers …

难点解读

- 条件式过去时由助动词 avoir 或 être 的条件式现在时变位形式加动词的过去分词构成，如 j'aurais parlé, je serais allé(e)。

8 将下列各句括号里的动词改成合适的时态或语式：

1. Si je (pouvoir) _____ trouver tout de suite un parking, je ne vous aurais pas fait attendre.
2. Si tu avais travaillé comme il faut, tu (pouvoir) _____ gagner cette bourse d'études.
3. Il n'aurait pas fait ce genre d'erreur s'il (consulter) _____ un dictionnaire.
4. S'il (mettre) _____ son casque, l'agent de police ne lui aurait pas mis une amende.
5. Si mon mari et moi nous avions fait des efforts pour nous parler, nous (ne pas devoir) _____ divorcer.
6. Si je (se marier) _____ avec Yves, je n'aurais pas eu autant de problèmes.
7. Qu'est-ce que tu lui (dire) _____ si tu l'avais rencontré ?
8. S'ils avaient trouvé un appartement libre, ils (ne pas louer) _____ ce studio.
9. Si tu n'avais pas bu trop de vin, tu (ne pas avoir) _____ mal à la tête.
10. S'il n'avait pas eu autant de travail, il (venir) _____ au cocktail.
11. Si le musée (être) _____ ouvert, nous aurions pu le visiter.
12. Si vous aviez mangé moins de chocolat, vous (ne pas avoir) _____ mal au ventre maintenant.
13. Si elle (suivre) _____ les conseils du médecin, elle irait beaucoup mieux maintenant.
14. Nous (prendre) _____ des photos plus claires avec cet appareil.
15. Heureusement qu'il était là : sans lui, la fête (ne pas être) _____ si réussie.
16. Je (vouloir) _____ assister au mariage de Caroline la semaine dernière.
17. Vous (pouvoir) _____ me prévenir, moi qui n'étais pas au courant, les autres ont dû me trouver ridicule.
18. Pierre (devoir) _____ être plus prudent dans cette affaire.
19. Le chômage (atteindre) _____ son taux limite en France.
20. La guerre de Golfe (faire) _____ plus de 250 000 victimes civiles.

> **难点解读**
>
> - 由连词 si 引导的从句用直陈式愈过去时，主句用条件式过去时，表示过去一个在某种条件下可能实现而实际并未实现的动作（题 1、2 等）。
> - 有时，根据句子的整体意思，主句和从句的时态及语式在配合上可以进行相应的调整（题 12、13）。
> - 条件从句也可以用某些词组来表示（题 14、15）。
> - 动词 vouloir, pouvoir, devoir 在独立句中用于条件式过去时，意为"原本想做"、"原本能够做"、"原本应该做"（题 16、17、18）。
> - 条件式过去时用于独立句，表示一件可能已经发生、但未能确定的事；多见于新闻报道中（题 19、20）。

9 将括号内的动词改成条件式现在时或条件式过去时：

1. Si vous parliez plus lentement, je (comprendre) _____ mieux.
2. S'il n'avait pas eu de travail ce jour-là, il (assister) _____ au match de football.
3. Si elle acceptait ma proposition, je (être) _____ très content.
4. Jean (participer) _____ aux Jeux Olympiques s'il n'avait pas été blessé aux jambes.
5. Si j'étais fatigué, je (dormir) _____ même pendant la journée !
6. Si vous travailliez plus, vous (avoir) _____ de meilleures notes.
7. Si nous avions l'argent nécessaire, nous (acheter) _____ tout de suite cet appartement.
8. À votre place, je (planter) _____ quelques arbres devant la maison pour cacher la route.
9. S'il avait roulé moins vite, il (pouvoir) _____ certainement éviter l'accident.
10. On (pouvoir) _____ dîner ensemble ? Disons que nous passerons vous prendre vers 20 heures.
11. Si je n'avais pas raté le train, je (être) _____ maintenant au bord de la mer.
12. Sans cet accident, le guide (arriver) _____ à l'heure.
13. Le bandit (recevoir) _____ trois balles dans le corps.
14. Si j'avais eu assez d'argent, je (acheter) _____ une voiture neuve.
15. D'après la radio, l'explosion d'une bombe à l'aéroport (faire) _____ plusieurs

morts.

16. Tu ne te sens pas bien ? Tu (devoir) _____ prendre ta température.
17. Vous ne retrouverez jamais une occasion pareille : si j'étais vous, je (accepter) _____.
18. Philippe (joindre) _____ un de ses plus vieux copains grâce à Internet.
19. Si on avait su que les hôtels étaient si chers, on (prendre) _____ une tente et on (faire) _____ du camping.
20. On connaît cette chanson : « Promenons-nous dans les bois, pendant que le loup n'y est pas ; si le loup y était, il nous (manger) _____ ! »

单元 3

过去先将来时

10 将下列各句中的简单将来时改成过去将来时，先将来时改成过去先将来时：

1. Il me dit qu'il viendra me voir quand il sera arrivé à Rome.
   → Il m'a dit que …

2. Elle me promet qu'elle me trouvera un travail quand elle se sera installée.
   → Elle m'a promis que …

3. Il me répond qu'il partira en voyage quand il aura réparé sa voiture.
   → Il m'a répondu que …

4. Elle m'écrit qu'elle demandera le vise lorsqu'elle aura préparé les documents nécessaires.
   → Elle m'a écrit que…

5. Il assure qu'il me téléphonera dès qu'il aura appris quelque nouvelle.
   → Il a assuré que …

6. Elle me dit qu'elle aura trouvé une solution avant son départ.
   → Elle m'a dit que …

7. Il assure qu'il aura réparé la voiture avant la pluie.
   → Il a assuré que …

8. Elle me promet qu'elle aura fini tout cela avant mon arrivée.
   → Elle m'a promis que …

9. Je crois que mes parents seront rentrés avant la nuit.
   → Je croyais que …

10. Je pense que Sophie aura passé son permis de conduire avant les vacances.
   → Je pensais que …

> **难点解读**
>
> - 过去先将来时的构成与条件式过去时相同。
> - 过去先将来时通常用于 quand, lorsque, dès que 等连词（短语）引导的状语从句，表示在另一过去将来动作之前已经完成的动作（题 1、2 等）。
> - 过去先将来时也可用于带有介词 avant 构成的时间状语的从句（题 6、7 等）。

11 将括号里的动词改成合适的过去时态：

1. On a trouvé que le château de Chambord (être) _____ magnifique.

2. Elle nous a demandé si nous (visiter) _____ déjà les jardins de Versailles.

3. Il a dit qu'on (pouvoir) _____ se retrouver sur les marches de l'Opéra Bastille.

4. On se demandait s'il (venir) _____ visiter la Grande Arche.

5. Michel m'a dit qu'ils (faire) _____ la fête la veille.

6. Je ne savais pas si vous (vivre) _____ encore à Marseille.

7. Ses parents lui ont demandé ce qu'elle (faire) _____ après ses études.

8. La veille, il m'avait annoncé qu'ils (se marier) _____ bientôt.

9. Sophie m'a dit qu'elle m'enverrait un message dès qu'elle (arriver) _____ à Paris.

10. J'avais l'impression que Mme Berger (prendre) _____ bientôt sa retraite.

11. André a répondu qu'il (aimer) _____ les films de science-fiction.

12. Je ne savais pas qu'Alice (prendre) _____ des cours de sculpture l'an dernier. Elle a exposé quelques pièces.

13. Tu lui as demandé ce qui lui (faire) _____ plaisir pour son anniversaire ?

14. Son père a promis qu'il lui achèterait une moto quand il (faire) _____ une bonne affaire.

15. Ses parents pensaient qu'il (terminer) _____ sa maîtrise avant juin.

16. J'espérais que nous (déménager) _____ dans la banlieue parisienne.

17. Son mari a assuré qu'il (préparer) _____ tout lorsque nous arriverions.
18. Nous avons découvert qu'il (fumer) _____ régulièrement en cachette de ses parents.
19. Je lui ai promis que nous (aller) _____ au cinéma le lendemain soir.
20. Mme Durand a dit que son fils (faire) _____ ses devoirs quand le professeur de piano arriverait.

单元 4

简单过去时，先过去时

12 将下列各句中的复合过去时改成简单过去时：

1. Je lui ai demandé (   ) de quel rendez-vous il s'agissait et il a haussé (   ) les épaules.
2. Elle m'a dit (   ) que nous avions oublié le rendez-vous et que nous étions en retard.
3. Le temps pressait, Anne, Pauline et Pierre sont descendus (   ) quatre à quatre l'escalier.
4. Elle nous a servi (   ) une soupe qui sentait délicieusement bon.
5. Il faisait chaud ce soir-là. J'ai enlevé (   ) ma veste d'un geste rapide.
6. J'ai entendu (   ) le « bang » d'un grand avion qui passait au-dessus de notre maison.
7. Jean mangeait tranquillement sa banane. Soudain, le singe s'est jeté (   ) sur lui.
8. J'étais seul sur le balcon quand j'ai aperçu (   ) un inconnu qui regardait à droite et à gauche.
9. Marc ressentait une curieuse douleur dans le dos. Sans attendre, Claire a appelé (   ) SOS Médecin.
10. Il est entré (   ) dans le salon et a aperçu (   ) Paul qui fumait un cigare.
11. La dame a pris (   ) un billet de 10 € et l'a tendu (   ) au mendiant.
12. Il nous a raconté (   ) l'histoire de ses tristes amours.
13. Ce château a été (   ) construit au XVIIe siècle.

14. Le peuple de Paris a pris (   ) la Bastille le 14 juillet 1789.

15. La Seconde Guerre mondiale a éclaté (   ) le 1er septembre 1939.

16. Victor Hugo est né (   ) en 1802.

17. Toute sa famille a vécu (   ) quelques années à Paris.

18. Ils ont eu (   ) du mal à trouver la bonne direction.

19. Les savants ont fait (   ) une découverte assez importante.

20. Alors qu'Alice ne s'y attendait pas, la voiture a foncé (   ) sur elle.

> **难点解读**
>
> - 简单过去时表示过去某一确定时间内已经完成、与现在没有联系的动作，仅用于书面的叙述性文体中，常见于第三人称形式。
> - 简单过去时可以表示过去一系列的动作。

13 将以下短文中的动词时态改成简单过去时：

Il ouvre (   ) la porte tout doucement sans faire de bruit. Il regarde (   ) à droite et à gauche. Il entre (   ) sur la pointe des pieds et ferme (   ) la porte. Je ne bouge (   ) pas. Je l'observe (   ) attentivement. Il s'approche (   ) de la fenêtre. Quand il est (   ) à deux pas de moi, j'écarte (   ) brusquement le rideau. Avec ses mains, il essaie (   ) de cacher son visage. Puis brusquement il me tourne (   ) le dos et se met (   ) à courir vers la porte qu'il ouvre (   ) brutalement. Avant de claquer la porte, il me regarde (   ) encore une fois. Puis je l'entends (   ) descendre les escaliers en courant. Je reste (   ) là au milieu de la chambre et je n'arrive (   ) plus à bouger.

14 将括号里的动词改成简单过去时或先过去时：

1. Je me souviens de mon voyage en Europe lorsque je (ouvrir) _____ mon album de photos.

2. Aussitôt que le conférencier (finir) _____ son discours, toute la salle l'applaudit.

3. Quand elle eut passé le pas de la porte, elle (être) _____ saisie d'angoisse.

4. Dès qu'il (tourner) _____ à gauche, il tomba sur la place du marché.

5. À peine se furent-ils mis au travail qu'il y (avoir) _____ une panne d'électricité.
6. Quand je (comprendre) _____ que c'était de moi qu'on parlait, j'éclatai de rire.
7. Après avoir salué le public, une fois que le rideau fut tombé, Molière (s'asseoir) _____ et (perdre) _____ connaissance.
8. Quand il (gagner) _____ le gros lot, il arrêta de travailler.
9. Dès qu'ils (comprendre) _____ la vérité, ils allèrent au commissariat de police.
10. Lorsqu'elle eut ouvert les yeux, elle (prendre) _____ conscience qu'elle était à l'hôpital.
11. Sitôt qu'elle (accepter) _____ ses conditions, Marc se montra plus calme.
12. Il (se mettre) _____ en colère quand je lui eus fait remarquer son insolence.
13. Lorsque je lui (prêter) _____ la somme qu'il demandait, il me laissa en paix.
14. Aussitôt qu'elle l'eut vu, malgré les années passées, elle (reconnaître) _____ l'homme qui l'avait attaquée.
15. Nous (se sentir) _____ rassurés dès que nous eûmes passé la frontière.
16. Je cherchai un autre appartement aussitôt que nous (prendre) _____ la décision de nous séparer.
17. À peine (parcourir) _____ -elle la lettre qu'elle poussa un cri de joie.
18. Lorsqu'elles eurent compris la raison de la visite du propriétaire, elles le (mettre) _____ à la porte.
19. Les spectateurs (applaudir) _____ lorsque les acteurs eurent paru sur la scène.
20. Les naufragés firent de grands gestes dans sa direction aussitôt qu'ils (apercevoir) _____ le navire.

> **难点解读**
>
> ○ 先过去时由助动词 avoir 或 être 的简单过去时变位形式加动词的过去分词构成，如 j'eus parlé, je fus allé(e)。
>
> ○ 先过去时与简单过去时配合，用于以 dès que, à peine … que, aussitôt que, sitôt que, lorsque, quand 等连词（短语）引导的状语从句，表示在另一过去动作前不久刚发生的动作。
>
> ○ 在连词短语 à peine … que 引导的从句中，要采用主、谓语倒装词序（题 5、17）。
>
> ○ 先过去时属书面语。

单元 5

现在分词

15 将括号里的动词改成现在分词：

1. Je voudrais une chambre (avoir) _____ une belle vue sur la mer.
2. (voir) _____ que le dîner est prêt, il appelle son père qui répare la voiture.
3. (avoir) _____ beaucoup à faire, M. Leloup n'a pu partir en vacances.
4. (prendre) _____ cette route, vous pourriez admirer des sites magnifiques.
5. Affolé, Pierre se jeta à la porte, (crier) _____ : « Au feu ! »
6. Les amoureux se promènent dans la rue, (regarder) _____ les vitrines des boutiques.
7. (être) _____ très fatigué, mon père est allé se coucher.
8. (entendre) _____ un cri qui venait de la cave, il a réveillé son ami Julien.
9. Ils cherchent un employé (parler) _____ plusieurs langues.
10. (ne pas pouvoir) _____ sortir, j'ai regardé un match de foot à la télévision.
11. (faire) _____ de la gymnastique, tu réussiras à maigrir.
12. Cette année-là, beaucoup de gens sont partis au Japon, (penser) _____ y faire fortune.
13. (descendre) _____ du train, Marco a aperçu Sophie qui l'attendait sur le quai.
14. (participer) _____ à ce concours, tu pourrais gagner un voyage pour deux personnes en Australie.
15. M. Dubois ouvrit le tiroir, (découvrir) _____ une magnifique chevelure de femme.

> **难点解读**
>
> - 现在分词在句中可用作定语，相当于由关系代词 qui 引导的关系从句（题 1、9）。
> - 现在分词在句中可用作同位语，通常置于句首，相当于表示时间、原因、条件的状语从句。表示时间，相当于 quand 引导的时间从句，其时间略先于谓语动词（题 2、8、13）；表示原因，相当于 comme 引导的原因从句（题 3、7、10）；表示条件，相当于 si 引导的条件从句（题 4、11、14）。
> - 有时，现在分词在句中相当于由 et 连接的并列句（题 5、15）。
> - 现在分词还可以表示与谓语动词相伴随的动作（题 6、12）。

16 用现在分词改写下列各句：

1. J'ai vu des enfants qui jouaient à cache-cache.
   →

2. Quand il est entré dans la maison, il a aperçu un inconnu.
   →

3. Comme elle avait mal à la tête, elle a pris un médicament avant de se coucher.
   →

4. Si vous travailliez avec méthode, vous réussiriez à parler français.
   →

5. Le directeur entra dans le bureau et serra la main à tout le monde.
   →

6. Quand nous sommes arrivés à l'aéroport, nous nous sommes aperçus qu'une de nos valises avait disparu.
   →

7. Les chambres qui donnent sur la mer sont plus chères.
   →

8. Si vous prenez ce médicament, vous ferez tomber la fièvre.
   →

9. Mme Durand prépare le dîner et pense à son père bien malade.
   →

10. Comme il voulait faire un séjour sur la Côte d'Azur, il a demandé quelques jours de congé à son patron.
    →

单元 6

副 动 词

17 用副动词改写下列各句：

1. Faites attention quand vous déposez ce vase, c'est fragile.
   →

2. Quand j'ai ouvert mon sac, je me suis aperçu que j'avais oublié mon portable.
   →

3. Nous l'avons aperçu pendant que nous sortions du parking.
   →

4. Vous prendrez des risques si vous roulez très vite.
   →

5. Si nous prenons l'autoroute A 9, nous y arriverons avant la nuit.
   →

6. Ne regarde pas la télé quand tu manges.
   →

7. Nous avons beaucoup appris pendant les voyages.
   →

8. Je pense que nous y arriverons plus tôt par le métro.
   →

9. Si vous lisiez les petites annonces, vous arriveriez à trouver un emploi.
   →

10. Paul a trouvé de vieilles photos de son grand-père pendant qu'il fouillait dans le tiroir.
    →

> **难点解读**
>
> - 副动词在句中用作谓语的状语，表示时间、方式、条件。表示时间，与谓语的动作同时发生（题1、3等）；表示方式，其位置通常后置（题7、8）；表示条件，相当于si引导的条件从句（题4、5等）。
> - 副动词表示的动作，由句子的主语来完成；其位置除表示方式外，可以前置或后置（题9、10等）。
> - 动词 avoir 和 être 无副动词形式。副动词无否定形式。

18 将下列短文中括号里的动词改成副动词：

On communique de plus en plus (téléphoner) _____, (envoyer) _____ des fax, (se servir) _____ d'un ordinateur, d'un répondeur téléphonique. On se voit moins, on se parle moins. (utiliser) _____ les machines on devient de plus en plus rapides et efficaces, mais (gagner) _____ un peu de temps, on perd la chaleur de la rencontre et l'émotion de la lecture.

19 将下列各句括号里的动词改成现在分词或副动词：

1. Le cyclisme est un sport (demander) _____ beaucoup d'efforts.
2. Il a été renversé par une voiture (traverser) _____ la rue.
3. (entrer) _____ dans la classe, il a aperçu un inconnu au fond de la salle.
4. Vous trouverez ce terme scientifique (consulter) _____ ce dictionnaire.
5. Un vieux monsieur entra dans la salle, (saluer) _____ tout le monde d'un coup de chapeau.
6. (prendre) _____ le métro, vous gagneriez une demi-heure.
7. (voir) _____ la queue devant le cinéma, nous avons dû y renoncer.
8. L'enfant mange tout (regarder) _____ la télévision.
9. (ne rien connaître) _____ à la mécanique, je n'ai pu répondre à ses questions.
10. Le train (venir) _____ de Rome va entrer en gare.
11. Pierrot avançait vers la cheminée, (serrer) _____ les paquets contre lui.
12. (discuter) _____ de cette affaire, nous essayerons de trouver une solution.
13. On recherche un homme de taille moyenne, aux cheveux bruns, (porter)

_____ des lunettes.

14. Vous rattraperiez le temps perdu (travailler) _____ jour et nuit.
15. Certains sports, (fatiguer) _____ trop les muscles, ne conviennent pas aux enfants.
16. Vous ne savez que faire de vos économies ? Mais placez donc votre argent (acheter) _____ un terrain, par exemple !
17. N'oubliez pas de fermer le gaz (partir) _____ .
18. (apprendre) _____ que son fils était hors de danger, elle a poussé un soupir de soulagement.
19. La vendeuse a dû se tromper me (rendre) _____ la monnaie.
20. (s'apercevoir) _____ que la fille était inquiète, ils essayèrent de la rassurer.

单元 7
复合关系代词

20 用复合关系代词 lequel 连接两句句子：

1. La solution n'est peut-être pas la meilleure ; vous pensez à la solution.
   →

2. Michel m'a écrit une lettre très drôle ; j'ai répondu tout de suite à sa lettre.
   →

3. La conférence était très ennuyeuse ; j'ai assisté à la conférence hier.
   →

4. Le fauteuil est en cuir ; vous êtes assis dans le fauteuil.
   →

5. Est-ce que le stylo est rechargeable ? vous écrivez avec le stylo.
   →

6. La fenêtre est intacte ; le cambrioleur est entré par la fenêtre.
   →

7. Le porche date du XVIIe siècle ; ils se sont abrités sous le porche.
   →

8. Jacques nous a présenté son projet ; sans son projet il n'obtiendrait pas le contrat.
   →

9. Voilà le terrain ; on fera construire un hôtel sur le terrain.
   →

10. La situation est particulièrement délicate ; il se trouve dans cette situation.
    →

11. Le mur s'est effondré ; Jean-Paul s'appuyait contre le mur.
   →

12. Je suis descendu dans un hôtel ; près de l'hôtel il y a une station de métro.
   →

13. Ce chemin mène à un champ ; au bout du champ il n'y a plus rien.
   →

14. L'agent de police entre dans un bureau ; sur la porte du bureau on lit : « Directeur ».
   →

15. J'ai lu un article sur cette maladie ; on a tant écrit au sujet de cette maladie.
   →

> **难点解读**
> - 复合关系代词 lequel (laquelle, lesquels, lesquelles) 在从句中用作由介词 à 引导的间接宾语（题 1、2 等）以及由介词（短语）引导的状语（题 4、5 等）。
> - 复合关系代词还可以与介词 de 连用，补足用作状语的名词（题 14）。
> - 复合关系代词一般代替指物的名词，并与其保持性、数一致。

21 用复合关系代词 lequel 填空：

1. Les entreprises à _____ j'ai écrit m'ont toutes répondu.
2. C'est un portable avec _____ on peut envoyer des photos.
3. J'ai du mal à me lever tôt : c'est une chose à _____ je ne suis jamais habitué.
4. Mon fils a un petit chien sans _____ il ne sort jamais.
5. Éric a réalisé un film pour _____ il a obtenu un prix à Cannes.
6. Internet est le réseau par _____ nous correspondons régulièrement avec nos clients.
7. L'auberge de jeunesse dans _____ nous avons séjourné était propre et gaie.
8. Les cerises avec _____ on fait ce gâteau doivent être bien mûres.
9. Le commerçant à _____ j'ai demandé l'heure n'était pas très aimable.
10. Je suis allé voir Christine chez _____ je suis resté une quinzaine de jours.
11. Les sculptures ont été enlevées de l'avenue, _____ semble bien triste depuis.
12. C'est un film à la fin de _____ le héros se fait tuer.

13. On a découvert un arbre au pied de _____ poussent des champignons très rares.

14. Les élèves ont fait un séjour à la montagne au cours de _____ ils ont travaillé et fait du sport.

15. Le maçon a rencontré toutes sortes de difficultés à cause de _____ le chantier a pris trois mois de retard.

难点解读

- 由介词 à 引导的间接宾语若指人，可以用 à qui，也可以用 auquel（题 9）；其他介词引导的状语若涉及人，也可以用 qui 或 lequel（题 10）。
- 当主句中有两个名词都有可能被认为是先行词时，采用复合关系代词可以避免混淆（题 11）。

22 用关系代词 qui, que, où, dont 或复合关系代词 lequel 填空：

1. J'aime beaucoup les tableaux _____ il a peints dans sa première période.

2. Dans ce prospectus, vous trouverez toutes les informations _____ vous sont nécessaires.

3. La salle de gymnastique _____ je vais deux fois par semaine est très bien équipée.

4. Ma copine, _____ le père est médecin, s'intéresse à l'acuponcture chinoise.

5. Le sport à _____ vous vous intéressez est un sport d'équipe ?

6. Je te montrerai le tissu avec _____ je vais me faire une robe.

7. Ils ont acheté une voiture _____ la vitesse atteint 200 km / h.

8. Nous avons décidé de ne plus voyager sur les lignes de cette compagnie, _____ est souvent en grève.

9. Elle prend son billet sans _____ elle ne pourra pas prendre le train.

10. Voici le sac dans _____ il a caché un kilo de cocaïne.

11. J'ai des manuels de français _____ je pourrai vous prêter quelques-uns.

12. Les plats _____ aiment mes enfants sont toujours les plus mauvais pour la santé.

13. Le nouveau restaurant _____ se trouve près de la poste est ouvert tous les

jours.

14. Quels sont les papiers _____ j'ai besoin pout travailler en France ?
15. Ce sont de petits détails à _____ il ne faut pas donner trop d'importance.
16. Il y a certains points sur _____ je ne suis pas du tout d'accord avec vous.
17. La brasserie dans _____ je lui ai donné rendez-vous était fermée.
18. La chambre _____ j'ai réservée donne sur la mer.
19. C'est un événement _____ tous les médias parlent en ce moment.
20. Elle nous présente ses amies avec _____ elle a passé ses vacances.
21. C'est cette perceuse avec _____ j'ai fait mes travaux.
22. Nous sommes satisfaits des résultats à _____ nous sommes parvenus.
23. Je te montre le dépliant de l'hôtel _____ je passe mes vacances d'été.
24. Aux abords de la ville, il y a beaucoup de pavillons devant _____ on peut voir de jolis jardins.
25. Voilà les candidats parmi _____ vous pourrez en choisir un pour ce travail.
26. Nous avons visité le vieux quartier autour de _____ il y a beaucoup de boutiques.
27. Il voudrait nous parler de son voyage en Amérique au cours de _____ il a connu sa femme.
28. J'adore la façon _____ vous vous habillez, c'est un style qui est vraiment génial !
29. Gaudin est un peintre _____ j'aime et _____ j'admire toutes les œuvres.
30. Voilà la boulangerie au-dessus de _____ habite un ami de mon père.

> **难点解读**
>
> ○ 介词 parmi 引导的成分若指人，须用复合关系代词 lequel 而不用 qui（题 25）。
> ○ 关系代词 dont 可用作状语，表示方式、方法（题 28）。

单元 8

疑问代词、复合疑问代词

23 用疑问代词 qui, que, quoi 或复合疑问代词 lequel 填空：

1. À _____ est-ce que je dois m'adresser ?
2. _____ s'est-il passé au coin de la rue ?
3. Vous n'aimez ni le sport, ni la musique, ni le cinéma, à _____ est-ce que vous vous intéressez ?
4. _____ a téléphoné ? – Quelqu'un, mais je ne sais pas _____.
5. Tu comprends ça, toi ? – _____ ?
6. Nous avons vu un film français. – _____ ?
7. De ces deux chambres, _____ préfères-tu ?
8. _____ de ces valises est de meilleure qualité ?
9. J'hésite entre ces tissus ; _____ convient le mieux ?
10. _____ de plus triste que cette histoire ?
11. _____ de ces garçons connaissez-vous ?
12. Je ne sais plus _____ faire ni _____ dire pour qu'il comprenne.
13. Quels beaux timbres ! Je vais en acheter quelques-uns. – _____ tu veux acheter ?
14. J'ai reçu un beau cadeau pour mon anniversaire, devinez _____ ?
15. Les deux robes lui vont bien, elle ne sait pas _____ prendre.
16. À _____ de ces employés dois-je m'adresser, s'il vous plaît ?
17. _____ de ces restaurants tu me conseilles pour une soirée spéciale ?

18. Je ne sais vraiment pas avec _____ Sophie est sortie.

19. La question essentielle est de savoir _____ est responsable de l'accident.

20. Elle veut savoir _____ de ces deux jupes est la plus élégante ?

> **难点解读**
>
> - 疑问代词 qui 提问人，用于直接问句或间接问句，在句中作主语、宾语等（题 1、4 等）。
> - 疑问代词 que 提问物，用于直接问句或间接问句，在句中作实质主语、宾语等（题 2）。
> - 疑问代词 quoi 由 que 转换而成，常用于介词之后、不定式之前或省略句（题 3、5、12）；quoi 也可用于谓语动词之后（题 14）。
> - 疑问代词 quoi 可以被形容词修饰，但须由介词 de 引导（题 10）。
> - 复合疑问代词 lequel (laquelle, lesquels, lesquelles) 用于直接问句或间接问句，可以指人也可以指物，通常后接介词 de 引导的补语（题 7、8 等）；lequel 还可以用于不定式之前或省略句（题 6、15）。

24 用 qui, que, quoi, ce qui, ce que, qui est-ce qui, qui est-ce que, qu'est-ce qui, qu'est-ce que 填空：

1. _____ donc a pu mettre tout cela en désordre ?
2. _____ il s'est passé dans la rue ?
3. _____ sont-ils, ces gens-là qui ont l'air mécontent ?
4. _____ tu fais cet après-midi ?
5. _____ vous avez rencontré dans le couloir ?
6. _____ a dérangé mes affaires ?
7. _____ dit-il ? Je n'entends pas bien.
8. _____ brûle ? La cuisine est remplie de fumée.
9. Pour _____ Jacques travaille ?
10. Mais tu saignes du nez, _____ est arrivé ?
11. Je ne lui dirai pas _____ j'ai fait hier.
12. On a sonné, _____ est-ce ?
13. Savez-vous _____ lui est arrivé ?

14. Ce restaurant est excellent, _____ te l'a conseillé ?
15. Chez _____ tu vas dimanche ?
16. Dites-moi _____ s'est passé chez elle hier soir.
17. Devinez _____ j'ai rencontré au marché.
18. Je ne sais plus à _____ j'ai emprunté ce stylo.
19. De _____ as-tu besoin en ce moment ?
20. _____ a eu l'idée de venir en voiture ? Il n'y a pas une place pour se garer ici.

> **难点解读**
>
> - qu'est-ce que 指物，提问直接宾语（题 4）。
> - qui est-ce que 指人，提问直接宾语（题 5）。
> - qui est-ce qui 指人，提问主语（题 1、6）。
> - qu'est-ce qui 指物，提问主语（题 8、10）。

单元 9 虚拟式

25 将括号里的动词改成虚拟式现在时，注意虚拟式在名词性从句中的用法：

1. Je veux bien que ma fille (apprendre) _____ quelque chose sur la culture française.
2. Elle aimerait que nous (passer) _____ nos vacances avec elle.
3. Le directeur demande que chacun (assister) _____ à cette réunion.
4. Je suis content que vous (pouvoir) _____ m'aider dans mon travail.
5. Jacques est étonné que tu (ne pas connaître) _____ ce chanteur.
6. Nous regrettons que la marchandise (ne pas pouvoir) _____ être livrée avant la fin du mois.
7. Ses parents ont peur qu'elle ne (faire) _____ des bêtises.
8. Je crains qu'il (ne pas sortir) _____ à cause de la pluie.
9. Il faut que vous nous (verser) _____ un acompte de 30%.
10. Il est important que tu (apprendre) _____ au moins deux langues étrangères.
11. Il est nécessaire que vous (se faire) _____ vacciner avant de partir.
12. Nous doutons qu'ils (pouvoir) _____ arriver à l'heure par ce mauvais temps.
13. Il est douteux qu'elle (aller) _____ chez le notaire.
14. Il est possible que nous (être) _____ obligés de vendre une partie de nos actions.
15. Il semble que vous (avoir) _____ tort.
16. Il vaut mieux que vous (acheter) _____ une petite voiture pour circuler à

Paris.

17. Il est préférable que nous (s'installer) _____ dans la banlieue ouest.
18. C'est dommage que les ordinateurs portables (coûter) _____ trop cher.
19. Nous désirons qu'on nous (permettre) _____ de prendre un peu de repos.
20. Le médecin préfére que le malade (être) _____ isolé des autres pour l'instant.

> **难点解读**
>
> - 虚拟式通常用于以连词 que 引导的名词性从句；从句是否用虚拟式取决于主句谓语。
> - 主句谓语表示愿望、请求、命令等，从句用虚拟式（题 1、2 等）。
> - 主句谓语表示快乐、惊奇、遗憾、害怕等，从句用虚拟式（题 4、5 等）。
> - 主句谓语表示应该、怀疑、可能与否等，从句用虚拟式（题 9、10 等）。
> - 主句谓语为 avoir peur 和 craindre，从句谓语前一般加赘词 ne，若表示否定，则用 ne ... pas（题 7、8）。
> - 虚拟式现在时表示现在或将来发生的动作或现象。

26 将括号里的动词改成虚拟式现在时，注意虚拟式在关系从句中的用法：

1. Le directeur cherche une assistante qui (connaître) _____ le français et la comptabilité.
2. Nous avons besoin d'un appartement qui (être) _____ confortable et qui (se trouver) _____ dans le centre ville.
3. Elle voudrait un disque qui (comprendre) _____ toutes ses chansons préférées.
4. Peut-on trouver un manuel de français qui (être) _____ convenable aux enfants ?
5. Je voudrais une bibliothèque où je (pouvoir) _____ ranger tous mes livres et dictionnaires.
6. Y a-t-il quelqu'un qui (pouvoir) _____ me renseigner ?
7. Je ne connais personne qui (savoir) _____ le grec.
8. Il n'y a rien qui (pouvoir) _____ l'intéresser.

9. Cette compagnie cherche quelqu'un qui (savoir) _____ se servir parfaitement de l'ordinateur.

10. Il n'y a personne chez nous qui (faire) _____ de la peinture.

11. Il n'y a aucun film qui (être) _____ intéressant ce soir.

12. C'est le roman le plus intéressant que je (avoir) _____ dans la bibliothèque.

13. C'est le remède le plus efficace qui (pouvoir) _____ calmer la toux.

14. Tu es le seul à qui je (vouloir) _____ confier mon projet.

15. Le sous-directeur est la première personne qui (être) _____ contre le projet.

难点解读

- 虚拟式可用于关系从句，下列情况从句谓语应采用虚拟式：
- 主句表示愿望，从句表示实际尚未存在的事物，其先行词带有不定冠词（题1、2等）。
- 主句表示否定或疑问，关系代词的先行词为泛指代词 personne, rien, quelqu'un, quelque chose 等（题6、7等）。
- 关系代词的先行词带有最高级形式的形容词或 le premier, le dernier, le seul 等表示绝对意义的词（题12、13等）。

27 将括号里的动词改成虚拟式现在时，注意虚拟式在状语从句中的用法：

1. Pour que nous (signer) _____ ce contrat, il faut que tout le monde soit d'accord.

2. Nous avons tout fait afin que votre séjour (être) _____ agréable.

3. Il s'approche du micro de façon que les assistants (pouvoir) _____ mieux l'entendre.

4. On a le temps de manger avant que le train ne (partir) _____.

5. J'attendrai jusqu'à ce que vous (choisir) _____ ce qu'il vous faut.

6. Nous partirons ce week-end à condition qu'il (faire) _____ beau.

7. Supposé qu'il (faire) _____ beau après-demain, viendrez-vous avec nous en promenade ?

8. Nos amis de Paris arriveront à 11 h 15 pourvu que leur avion (être) _____ à l'heure.

9. Nous resterons dimanche chez nous, à moins que le temps ne (s'améliorer) _____.
10. Quoique le film (être) _____ bon, la soirée ne lui paraît pas agréable.
11. Bien qu'il (se sentir) _____ soutenu par ses amis, il hésite encore à agir.
12. M. Dupont quitte la salle de réunion sans qu'on (s'en apercevoir) _____.
13. Nous avons réservé cette chambre, non qu'elle (être) _____ grande, mais parce qu'elle donne sur la mer.
14. Qui que vous (être) _____, vous devrez respecter les coutumes du pays.
15. Quoi qu'on (dire) _____, il n'abandonnera pas son projet.
16. Où qu'il (être) _____, il faut le trouver, car il s'agit d'un criminel dangereux.
17. Quelle que (être) _____ votre décision, je suis prêt à vous aider.
18. Quelques efforts qu'elle (faire) _____, elle réussira mal.
19. Que tu (venir) _____ ou non, ça m'est égal.
20. Quelque profondes que (être) _____ les réformes envisagées, elles ne feront que retarder l'échec final.

难点解读

- 虚拟式也可用于状语从句，下列连词（短语）引导的从句采用虚拟式：
- 表示目的的连词短语 pour que, afin que, de sorte que, de façon que（题 1、2 等）。
- 表示时间的连词短语 avant que, jusqu'à ce que（题 4、5）。
- 表示条件、假设的连词短语 à condition que, supposé que, pourvu que, à moins que（题 6、7 等）。
- 表示让步的连词（短语）quoique, bien que（题 10、11）。
- 表示否定的连词短语 sans que, non que（题 12、13）。
- 表示让步意义的短语 qui que, quoi que, où que, quel que, quelque ... que, que ... ou non；其中，quelque ... (que) 后接形容词或副词，无词形变化（题 20），后接名词时有单、复数变化（题 18）。

28 将下列各句括号里的动词改成直陈式或虚拟式：

1. Elle voudrait qu'un décorateur (refaire) _____ son appartement.
2. Je regrette que vous (ne pas rester) _____ plus longtemps avec nous, c'est

dommage.

3. Nous espérons que tout (se passer) _____ bien chez vous.
4. Ses parents lui demandent ce qu'il lui (falloir) _____ dans ses études.
5. Je doute que l'enfant (savoir) _____ faire ce problème de maths.
6. Ne venez pas, je ne crois pas que ce (être) _____ nécessaire.
7. Paul serait content que tu (venir) _____, il t'aime beaucoup.
8. Regarde ces nuages noirs, je suis sûr qu'il (pleuvoir) _____ demain.
9. Il fait très froid, mets ton pull, j'ai peur que tu ne (attraper) _____ un rhume.
10. Si on ne veut pas être en retard, il vaut mieux qu'on (partir) _____ tout de suite.
11. Je ne suis pas sûr que ça (réussir) _____, mais on peut toujours tenter l'expérience.
12. Il est possible que je (aller) _____ voir mes amis à Paris ce week-end.
13. Il est probable qu'ils (prendre) _____ le même avion pour aller en France.
14. Je souhaite que la maison vous (plaire) _____ et que vous (passer) _____ de bonnes vacances.
15. Le professeur dit que nous (passer) _____ l'examen dans huit jours.
16. Dites-lui qu'il me (apporter) _____ tout de suite cette lettre, c'est très important.
17. Je vois que tout (être) _____ prêt, on peut partir.
18. Il faut que les étudiants (apprendre) _____ ce texte par cœur.
19. Il est naturel qu'on en (venir) _____ à des négociations.
20. Nous discutons depuis deux heures, il est temps que nous (prendre) _____ une décision.

难点解读

○ 主句谓语为 espérer，从句通常采用直陈式简单将来时（题 3）。

○ 题 4 中从句采用直陈式，是因为 que 系关系代词，主句谓语 demander 的宾语为 ce，而不是从句。

○ 主句谓语 croire, penser, être sûr 若为否定式或疑问式，从句须用虚拟式（题 6、11）。

○ il est probable 表示的可能性很大，因此引出的从句须用直陈式（题 13）。

○ 主句谓语 dire 若含 demander 的意思，从句须用虚拟式（题 16）。

○ il est naturel 和 il est temps 引出的从句须用虚拟式（题 19、20）。

29 将下列各句中括号里的动词改成合适的语式：

1. Bien que ce restaurant (être) _____ très cher, il y a toujours beaucoup de monde.
2. Tu connais quelqu'un qui (pouvoir) _____ réparer mon ordinateur ?
3. Il est encore trop petit pour que nous le (emmener) _____ au cinéma.
4. Depuis que nous (habiter) _____ dans cette ville, nous avons changé d'adresse plusieurs fois.
5. Nous travaillerons jusqu'à ce que tout (être) _____ terminé.
6. Je pense qu'il faut voyager tant qu'on (être) _____ jeune.
7. C'est dommage que cette actrice (ne pas avoir) _____ une belle voix.
8. Agissez de façon que vous (mériter) _____ l'estime des autres.
9. Sophie est partie très tard de sorte qu'elle (manquer) _____ son train.
10. Faites en sorte que tout (être) _____ prêt à l'heure.
11. Je vais prendre un café en attendant que tu (finir) _____ ton travail.
12. M. Roche parlait avec ses invités pendant que sa femme (préparer) _____ le dîner.
13. Voilà le plus petit ordinateur qu'on (pouvoir) _____ trouver.
14. Tu peux sortir pourvu que tu (ne pas être) _____ seule à conduire.
15. Puisqu'une grosse voiture (consommer) _____ beaucoup d'essence, on achètera une petite auto.
16. Quoi qu'il (arriver) _____, je dirai toute la vérité.
17. Ce n'est pas la peine de discuter ; pour lui, quoi que je (faire) _____, j'aurai toujours tort.
18. Il part tout de suite de peur que vous ne (changer) _____ d'avis.
19. Il n'y a rien qui (être) _____ urgent en ce moment.
20. Que Michel (aller) _____ en discothèque ou (faire) _____ de la musique, ça ne me dérange pas.
21. Si vous avez besoin de quoi que ce (être) _____, dites-le-nous.
22. Ne montrez ce document à qui que ce (être) _____.
23. Pierre est sorti vers huit heures sans que sa mère le (savoir) _____.
24. Nous vous enverrons la commande dès que nous (recevoir) _____ votre chèque.

25. Quel qu'il (être) _____, il ne pourra pas entrer sans permission.
26. Quels que (être) _____ les risques de cette entreprise, nous ne devons pas y renoncer.
27. Ces touristes cherchent un guide qui (connaître) _____ le français et l'allemand.
28. Quelque problème que vous (avoir) _____, je vous conseille d'en parler à vos parents.
29. Ce sera mieux que nous (faire) _____ une promenade en forêt.
30. Nous ne sommes pas d'accord pour que Valérie dorme chez une amie à moins que nous ne la (connaître) _____ bien.

难点解读

- 连词短语 de sorte que 和 de façon que 可以表示结果，其引导的从句采用直陈式（题9）。
- Faites / fais en sorte que 引导的从句采用虚拟式（题10）。
- en attendant que 意味 en attendant jusqu'à ce que，所以引导的从句采用虚拟式（题11）。
- quoi qu'il arrive 属于一种表达方式，意为"不管发生什么事"（题16）。
- 连词短语 de peur que 意为"生怕"、"担心"，引导的从句采用虚拟式，并加赘词 ne（题18）。
- quoi que ce soit 属于一种表达方式，解释为"无论什么"（题21）。
- 表示让步意义的短语 qui que，若主语为第三人称（指人），则要改用 quel que，如 quel qu'il soit（题25）。
- c'est / ce sera mieux que 引导的从句采用虚拟式（题29）。

30 将下列各句中括号里的动词改成虚拟式现在时或虚拟式过去时：

1. Je veux que vous me (rendre) _____ compte de vos dépenses.
2. Marie doute que tu (parvenir) _____ à finir ce roman avant ce soir.
3. Voilà le type de voiture le plus récent qu'on (trouver) _____ dans cette exposition.

4. J'ai peur que vous ne (oublier) _____ quelque chose.

5. Il est possible qu'ils (décider) _____ déjà de prendre l'avion.

6. Si vous voulez prendre un congé, il faut que vous (demander) _____ au service du personnel.

7. Qu'il (partir) _____ tout de suite ! Je ne veux plus le voir.

8. Je m'étonne qu'il (ne pas répondre) _____, car il est très ponctuel.

9. C'est dommage qu'elle (ne pas venir) _____ à la dernière réunion.

10. Je vais lire le journal en attendant que le dîner (être) _____ prêt.

11. C'est le film le plus émouvant que je (voir) _____ jamais.

12. Que chacun (connaître) _____ l'importance de son métier !

13. Je suis content que mon père me (acheter) _____ un ordinateur.

14. Je regrette que le film (ne pas être) _____ en version originale.

15. Son père était le seul qui (être) _____ au courant de ses problèmes.

16. On ne croyait pas qu'il (avoir) _____ beaucoup d'argent sur lui.

17. Elle était contente que vous (réussir) _____ au concours.

18. Il était possible qu'elle (abandonner) _____ son métier en raison de son état de santé.

19. Nous partirons par quelque temps que ce (être) _____.

20. Il est regrettable que l'orage (casser) _____ les plus grosses branches de l'arbre.

21. Jacques n'est pas venu, quoique tout le monde (insister) _____ pour qu'il vienne.

22. Ça m'inquiète qu'elle (ne pas rentrer) _____ à cette heure tardive.

23. Je suis désolé que nous (arriver) _____ en retard.

24. Il est possible que les deux parties (parvenir) _____ à s'entendre avant le procès.

25. Je leur ai écrit pour qu'ils (venir) _____ avant Noël.

26. Ce n'est pas étonnant qu'il (ne pas arriver) _____, il est presque toujours en retard.

27. C'est étrange que la porte (être) _____ ouverte, je suis sûr de l'avoir fermée en partant ce matin.

28. Je doutais qu'il (pleuvoir) _____ la veille.

29. Il vaut mieux que nous (abandonner) _____ ce projet avant qu'il ne (être) _____ trop tard.

30. C'est scandaleux qu'un tel crime se soit produit sans que personne (pouvoir) _____ intervenir.

> **难点解读**
>
> - 虚拟式过去时表示现在已经完成的动作，其时间概念相当于复合过去时（题4、5等）。
> - 虚拟式现在时可用于以连词 que 引导的独立句中，表示命令、禁止、请求等意义（题7、12）。
> - 虚拟式现在时可以代替虚拟式未完成过去时，其时间概念相当于未完成过去时（题15、16）；虚拟式现在时还可以表示过去的将来时间里发生的动作，其时间概念相当于过去将来时（题18、25）。
> - 虚拟式过去时可以代替虚拟式愈过去时，其时间概念相当于愈过去时（题21、28等）。

单元 10

不定式

31 从下列各句中找出动词不定式，并注意其语法功能：

1. Fumer est dangereux pour la santé.
2. Naviguer sur Internet est fascinant.
3. Faire des voyages, découvrir des pays inconnus, c'est mon rêve !
4. Vouloir, c'est pouvoir.
5. La façon efficace est de retenir les mots et expressions.
6. L'important, c'est de se mettre d'accord.
7. Si vous voulez vous baigner, il y a une piscine dans le jardin.
8. Nous espérons visiter le Mont-Saint-Michel.
9. Les Dupont ont choisi de s'installer dans la banlieue parisienne.
10. Demain, nous partirons de très bonne heure pour éviter les embouteillages.
11. Ne prenez pas ce médicament avant de conduire, vous pourriez vous endormir.
12. Enchanté de faire votre connaissance !
13. J'ai l'habitude de lire les journaux après le dîner.
14. Tu veux garder ma place ? Je dois sortir un moment.
15. Francine est tellement lente que je préfère faire le ménage à sa place.
16. Il faudra vous habituer à parler moins fort ; vous gênez les voisins.
17. Quand j'ai vu le bateau s'éloigner du port, j'ai eu le cœur serré.
18. Regarde-moi faire, voilà comment il faut s'y prendre.
19. Elle ne veut plus entendre parler de lui, elle lui renvoie tous ses cadeaux et toutes ses lettres.

20. Ne laissez pas l'enfant jouer avec les allumettes, il va se brûler.

> **难点解读**
>
> - 动词不定式在句中可作主语（题 1、2、3）、表语（题 4、5、6）、直接或间接宾语（题 7、8、9）、状语（题 10、11）、形容词补语（题 12）、名词补语（题 13）等。
> - 能愿动词 pouvoir, vouloir 可以后接动词不定式，这一类动词还有 aimer, préférer, savoir, devoir, espérer, falloir 等（题 14、15、16）。
> - 表示感觉的动词 voir, regarder, entendre, écouter, sentir 以及动词 laisser 可以后接一个不定式句（题 17、18、19、20）。

32 从下列各句中找出动词不定式，并注意其相关用法：

1. Jacques est venu dîner chez nous hier soir.
2. Il est parti à la campagne voir ses parents.
3. Que faire par ce mauvais temps ?
4. Pourquoi ne pas lui dire tout cela ?
5. Je ne sais pas quoi faire ; il fait mauvais et on ne peut pas sortir.
6. Oh ! que c'est gentil ! Je ne sais pas comment vous remercier.
7. Philippe pense acheter la nouvelle Peugeot.
8. Nous croyons avoir trouvé une bonne solution.
9. Paul regrette de ne pas être venu, il est désolé.
10. Après avoir fait sa valise, il est allé se coucher.
11. Ce voyage en Italie doit être organisé par l'agence de voyages.
12. Ne pas y toucher !
13. Ah ! passer un séjour à la campagne après une semaine de travail !
14. Où stationner dans le centre ville ?
15. Je n'aime pas la viande crue, faites-la cuire.
16. Le maître fait lire le texte à ses élèves.
17. Tous les élèves doivent se faire examiner par le médecin.
18. L'effet du médicament se fait sentir, j'ai moins mal.
19. L'enfant mime un singe, et tout le monde de rire.
20. J'ai l'impression d'avoir fait un faux calcul.

难点解读

- aller, venir, monter, descendre, sortir 等表示位置变化的动词可以后接一个用作目的状语的动词不定式；动词不定式前其实省略了介词 pour（题 1、2）。
- 动词不定式可以用于直接问句（题 3、4）和间接问句（题 5、6）。
- 动词不定式有现在时（题 7）和过去时（题 8、9、10）。
- 介词 après 后用不定式过去时（题 10）。
- 动词不定式有主动态（题 7）和被动态（题 11）。
- 动词不定式可以用于命令句，用作招贴、通知等（题 12），也可用于感叹句，表示愿望、惊讶、愤慨等（题 13）。
- 动词不定式可以出现在 faire 或 se faire 之后（题 15、16、17、18）。
- 动词不定式由介词 de 引导，与 et 连用，表示突然发生的动作（题 19）。

单元 11 复合过去分词

33 用复合过去分词改写下列各句：

1. Quand elle a pris un dessert, Mme Durand a demandé un café.
   →

2. Quand il a fait sa valise, M. Dupont est parti en voiture.
   →

3. Quand il a lu les petites annonces, il a téléphoné à une agence immobilière.
   →

4. Quand il est retourné à la station de métro, Pierre a retrouvé son parapluie.
   →

5. Quand je suis descendu du train, j'ai vu mon oncle qui m'attendait.
   →

6. Quand il est monté dans son cabinet de travail, mon père s'est mis à lire le journal.
   →

7. Comme il avait travaillé toute la journée, mon frère s'est couché après le dîner.
   →

8. Comme je n'avais pas trouvé mon ami, je lui ai laissé un message.
   →

9. Comme il avait eu du succès, Michel a été augmenté.
   →

10. Comme nous sommes partis de très bonne heure, nous avons pu éviter les

embouteillages.

→

11. Comme elle s'est levée trop tard, Sophie a manqué le premier train.

→

12. Comme il s'est réveillé à cinq heures, il a eu largement le temps de se préparer.

→

13. Comme il a été grondé par son père, l'enfant s'est mis à pleurer.

→

14. Comme j'ai été blessé à la main, je n'ai pu faire la vaisselle.

→

15. Comme il a été critiqué par son patron, Jean s'est excusé de sa négligence.

→

难点解读

- 复合过去分词由助动词 ayant / étant 加过去分词构成，表示一个在谓语动词之前完成的动作，具有"现在分词完成式"概念。
- 复合过去分词在句中起状语作用，可以表示时间（题1、2等）、原因（题7、8等）。
- 复合过去分词中助动词 étant 可省略（题4、5等）；复合过去分词的被动形式为 ayant été 加过去分词，ayant été 也可省略（题13、14等）。
- se coucher, se lever, s'endormir, se réveiller 等代词式动词用作复合过去分词时，自反人称代词 se 和助动词可一并省略（题11、12）。

34 将括号里的动词改成现在分词、副动词或复合过去分词：

1. Il y a beaucoup de jeunes (bavarder) _____ à la terrasse du café.
2. Les élèves (finir) _____ leurs études secondaires entreront à l'université.
3. (avoir) _____ beaucoup à faire, il a dû rester à la maison au lieu d'aller au cinéma avec ses enfants.
4. (ne pas recevoir) _____ sa réponse, je lui ai téléphoné de nouveau.
5. Pascal pleure parce qu'il s'est fait mal (tomber) _____.

6. (travailler) _____ en équipe, on fera un travail bien meilleur, parce qu'on a plus d'idées.

7. (rentrer) _____ avant huit heures, j'ai pu regarder, à la télé, la finale de la Coupe du Monde.

8. Vous allez grossir (manger) _____ des gâteaux.

9. J'ai reçu un message de mon ami me (annoncer) _____ sa venue pour Noël.

10. (voir) _____ que la porte de l'appartement était ouverte, nous avons appelé tout de suite le propriétaire.

11. (manger) _____ trop de chocolat, le petit garçon s'est rendu malade.

12. (poursuivre) _____ par l'ennemi, ils ont réussi pourtant à s'échapper.

13. Julien s'est cassé la jambe (glisser) _____ dans l'escalier.

14. Je voudrais une chambre (donner) _____ sur la cour.

15. (faire) _____ tout son travail, il est parti en vacances avec sa famille.

16. (ne pas savoir) _____ l'adresse de mon ami, j'ai dû descendre dans un hôtel.

17. Vous prendrez des risques (conduire) _____ si vite.

18. (ne pas trouver) _____ son stylo, Paul a dû écrire au crayon.

19. Mon grand-père, (s'endormir) _____ dans son fauteuil, se met à ronfler.

20. Les candidats (savoir) _____ utiliser le matériel informatique ont plus de chances de réussir à ce concours.

> **难点解读**
>
> ○ 现在分词和复合过去分词都可以用作定语，相当于由 qui 引导的关系从句；不同的是现在分词表示正在进行的动作，复合过去分词则表示在主句谓语动词之前完成的动作（题1、2）。
>
> ○ 现在分词和复合过去分词均可以表示时间和原因，区别在于前者表示的现象或动作可持续（题3、10等），后者表示的动作则已完成（题4、11等）。

35 用现在分词、副动词或复合过去分词改写下列各句：

1. Ce sont des chercheurs qui travaillent dans le domaine de l'informatique.
   →

2. Notre patron fume toujours quand il travaille au bureau.

3. Quand il voit que tout le monde est là, le directeur se met à parler.
   →

4. Comme nous n'avons plus rien à manger, nous allons faire des provisions.
   →

5. Quand il est descendu du train, il a trouvé Sophie avec ses deux enfants.
   →

6. J'ai aperçu ma cousine dans la foule pendant que je traversais la rue.
   →

7. L'enfant qui tremblait de peur et d'inquiétude pleurait dans la rue.
   →

8. Comme il avait pris le train de 13 heures, il est arrivé à Strasbourg très tard dans la nuit.
   →

9. Si vous prenez le métro, vous y arriverez à l'heure.
   →

10. Comme elle avait été blessée aux genoux, elle ne pouvait pas aller au bureau.
    →

11. Un homme qui a beaucoup voyagé a beaucoup vu.
    →

12. Bernard, comme il avait tout compris, a décidé de rentrer tout de suite.
    →

13. Quand ils sont arrivés devant une maison, ils ont trouvé la porte fermée.
    →

14. Nous avons vu une foule d'enfants qui dansaient sur la place.
    →

15. M. Martin n'a pu aller à la mer parce qu'il avait beaucoup à faire.
    →

单元 12

独立分词从句

36 将下列各类从句改成独立分词从句：

1. Quand le conférencier avait terminé son discours, toute la salle l'a beaucoup applaudi.
   →

2. Quand ses parents sont sortis, Pierre se met à s'amuser avec le chat.
   →

3. Lorsque le séjour avait été nettoyé, Mme Dupont se met à préparer le dîner.
   →

4. Dès qu'on eut ouvert la fenêtre, quelques mouches entrèrent.
   →

5. Aussitôt qu'il eut dessiné un champignon, le garçon sourit et s'en alla.
   →

6. Comme le directeur était absent, nous n'avons pris aucune décision.
   →

7. Comme la pluie ne cessait pas, il décida de rester à la maison.
   →

8. Comme la voiture était tombée en panne, M. Dubois a dû prendre un taxi.
   →

9. Comme les travaux avaient été terminés avant terme, tous les ouvriers ont été augmentés.
   →

10. Comme Jean-Paul avait obtenu le premier prix, son père lui a acheté un vélo de montagne.
    →

11. Si l'autoroute était saturée, vous prendrez les petites routes.
    →

12. Si l'économie reprenait, le gouvernement serait moins inquiet.
    →

13. Si cette fausse manœuvre avait été évitée, l'accident ne serait pas arrivé.
    →

14. Si le temps le permettait, nous ferons une promenade dans la forêt de Fontainebleau.
    →

15. Si Marie était partie une heure plus tôt, Jacques aurait pu la rejoindre à Paris.

> **难点解读**
>
> - 独立分词从句由现在分词、过去分词或复合过去分词构成，该从句的主语一般由名词表示，放在分词前。
> - 独立分词从句用作主句谓语的状语，可以表示时间（题 1、2 等）、原因（题 6、7 等）、条件（题 11、12 等）。
> - 独立分词从句中现在分词 étant 通常省略（题 4、6 等）。
> - 独立分词从句中的现在分词表示主动、进行中的动作，过去分词表示被动、已完成的动作，复合过去分词表示主动、已完成的动作。

37 将下列独立分词从句中括号里的动词改成现在分词，过去分词或复合过去分词：

1. Les vacances (terminer) _____, M. Dubois reprend son travail.
2. Les examens (approcher) _____, les étudiants sont plus occupés.
3. Le conférencier (sortir) _____, toute la salle éclata de rire.
4. La chasse (être) _____ ouverte, il est dangereux de se promener en forêt.
5. La nuit (tomber) _____, les touristes durent rester dans le village.

6. La tâche (accomplir) _____, les ouvriers auront deux jours de congé.
7. Le printemps (revenir) _____, les oiseaux chantent aux champs.
8. L'heure du départ (arriver) _____, ils s'embrassèrent et se dirent au revoir.
9. La voiture (réparer) _____, nous voyagerions loin cet été.
10. Le président (terminer) _____ son allocution, toute la salle l'a beaucoup applaudi.
11. M. Leloup (ne pas venir) _____, nous commençons à discuter de ce projet.
12. Le climatiseur (installer) _____, toute la famille se retrouve devant le petit écran.
13. Les voyageurs (partir) _____, ce petit hôtel serait vide.
14. L'âge (venir) _____, vous apprendrez à bien juger les gens et les événements.
15. Cette erreur (éviter) _____, l'accident ne se serait pas produit.
16. La conjugaison (être) _____ très compliquée, les élèves ont du mal à parler français.
17. Sa décision (prendre) _____, personne ne pourra le convaincre.
18. L'ascenseur (tomber) _____ en panne, le propriétaire fit venir le mécanicien.
19. Les circonstances (aider) _____, vous pourriez réaliser votre projet.
20. Une grosse pluie (tomber) _____ brusquement, les paysans se dépêchèrent de rentrer les foins.

单元 13

无人称动词

38. 连接下列两个部分，将其组成无人称句：

1. Il faut …   □ un temps splendide.
2. Il s'agit …   □ quelque chose à mon bureau.
3. Il reste …   □ de la persévérance pour réussir.
4. Il existe …   □ des choses bizarres dans cette maison.
5. Il sort …   □ de la montagne plusieurs ruisseaux.
6. Il me vient …   □ un bureau de poste dans notre rue.
7. Il se passe …   □ de lui dire cela, il comprendra bien.
8. Il est défendu …   □ un peu de fromage dans le frigo.
9. Il manque …   □ de monter dans le train en marche.
10. Il suffit …   □ une idée : ajouter du rhum à cette recette.
11. Il lui est …   □ un accident du travail, le directeur est sur les lieux.
12. Il faisait ...   □ difficile de terminer ce travail avant cinq heures.
13. Il arrive …   □ de se mettre d'accord : tu acceptes ou non ?
14. Il paraît …   □ que l'on hésite sur l'orthographe d'un mot.
15. Il vient d'y avoir … □ que ses parents ont tout fait pour empêcher son mariage.

难点解读

○ 以中性代词 il 为主语，仅用第三人称单数的动词为无人称动词。

○ 在无人称动词中，少数为纯粹的无人称动词（题1、2），多数为人称动词用作无人称动词（题3、4）。在这些动词中，有不及物动词（题5、6），有代

- 无人称动词后往往跟一个实质主语，该实质主语可以是名词（题9），动词不定式（题10）或从句（题13、14）。
- 纯粹的无人称动词和人称动词用作无人称动词在无人称句中的不同结构取决于该动词自身的用法。

39 选择合适的动词填写下列无人称句：

| venir | faire | arriver | rester | falloir | sembler | exister |
| suffire | manquer | paraître | valoir | interdire | s'agir | se produire |

1. C'est un beau pays, mais il doit y _____ froid.
2. Pour faire ce travail, il _____ quelqu'un de compétent.
3. Il lui _____ un accident de voiture.
4. Il ne _____ pas assez de lait pour faire ce gâteau.
5. Il me _____ inutile de continuer cette discussion.
6. Il y a trois ans, il ne _____ pas de maison à cet endroit.
7. Il _____ une délégation culturelle dans notre ville.
8. Pourquoi _____-t-il tant d'élèves ce matin ?
9. Il _____ mieux laisser la fenêtre ouverte quand on dort.
10. Il _____ de quelques efforts pour arriver à ce but.
11. Il _____ un grand changement dans ce pays.
12. Il _____ de l'augmentation des salaires.
13. Si, par malheur, il me _____ quelque chose, voilà l'adresse où prévenir ma femme.
14. Il _____ de donner à manger aux lions, c'est très dangereux.
15. Cela fait une heure qu'on attend, il _____ que personne d'autre ne va venir.

单元 14 连词

40 用并列连词 et, ou, ni, mais, car, or, donc 填空：

1. Il faut faire vite _____ il est déjà tard.
2. Je n'aime _____ l'un _____ l'autre.
3. Lequel préférez-vous ? Celui-ci _____ celui-là ?
4. J'aime bien cette robe, _____ je préfère celle-là.
5. Il est déjà tard, _____ il faut se dépêcher.
6. Fermez la fenêtre, _____ il y a trop de bruit.
7. Alors, tu viens _____ tu restes, décide-toi !
8. Il n'était pas là, il n'a _____ pas pu entendre ce que tu disais.
9. _____ mon père _____ ma mère ne parlent français.
10. Tes copains _____ toi, vous avez réfléchi à ce problème ?
11. Je n'irai pas au cinéma avec vous, _____ j'ai déjà vu ce film.
12. Ce que vous dites est vrai, _____ le problème n'est pas si simple.
13. Est-ce que tu veux avoir une vraie discussion _____ non ?
14. La météo annonçait la pluie ; _____ il fait beau.
15. Il m'avait dit qu'il viendrait à 10 heures, _____ il est 10 h 30 maintenant, _____ nous partirons sans lui.

> **难点解读**
> - 连词用来连接词、词组或句子。连词按照其用法可分为并列连词和从属连词。
> - 并列连词用来连接作用相同的词、词组或句子。

41 用从属连词 lorsque, comme, pendant que, avant que, après que, aussitôt que, dès que, depuis que 填空：

1. _____ la porte s'ouvre, l'air froid entre.
2. Rentrons vite les foins _____ il (ne) pleuve.
3. Je l'ai reconnu _____ il s'est mis à parler.
4. _____ il fait froid, le chauffage fonctionne nuit et jour.
5. Bien des années _____ il était parti, on a reconstruit la maison.
6. _____ vous y penserez, vous me rapporterez ce livre.
7. Prévenez-moi _____ ils seront arrivés à l'hôtel.
8. Léa a bien changé _____ elle habite à Paris.
9. _____ le soir tombait, nous sommes arrivés dans un village.
10. Les enfants s'amusaient _____ leur père réparait la voiture.
11. _____ elle fut arrivée à Rome, elle téléphona à ses parents.
12. Le téléphone a sonné juste _____ j'entrais dans mon appartement.
13. _____ il apprit la nouvelle de sa réussite, il lui envoya une lettre de félicitations.
14. Ne descendez pas _____ le train (ne) se soit complètement arrêté.
15. _____ je regardais à la fenêtre, une voiture qui voulait se ranger provoqua un embouteillage.

> **难点解读**
> ○ 从属连词用来连接主句和从句。
> ○ 从属连词根据其自身的词义，有时间连词、原因连词、目的连词、条件连词、让步连词等。

42 用从属连词 comme, que, parce que, puisque, pour que, quoique, même si, vu que, pourvu que, au cas où, à moins que, de sorte que 填空：

1. On dit _____ la Touraine est la province où l'on parle le meilleur français.
2. Est-ce que le professeur est sévère avec lui _____ il le dit à son père ?

3. _____ tu sais tout, tu n'as pas besoin de mes conseils.
4. Il fait chaud dans cette pièce, ouvre la fenêtre _____ on ait un peu d'air.
5. _____ les voitures neuves sont très chères, il compte acheter une voiture d'occasion.
6. Cet été, j'irai n'importe où, _____ il fasse beau.
7. _____ la vitesse est limitée partout, pourquoi avoir des voitures qui vont de plus en plus vite ?
8. Les jeunes aiment les voitures de course _____ ils aiment la vitesse.
9. _____ j'aurais un empêchement, je te passerais un coup de téléphone.
10. Nous avons peur _____ il ne fasse très froid dans la montagne.
11. _____ il veut toujours avoir le dernier modèle, il change de voiture chaque année.
12. Pierre a du mal à marcher _____ il s'est tordu la cheville.
13. Nous resterons samedi chez nous, _____ il ne fasse beau.
14. Il faut renoncer à cette dépense, _____ les crédits sont épuisés.
15. _____ le film soit bon, la soirée ne lui paraît pas agréable.
16. Nous voulons sortir, mais _____ tu es malade, nous resterons à la maison.
17. Anne compte continuer à travailler _____ elle se marie.
18. Tu peux jouer ici, _____ tu ne fasses pas de bruit.
19. Je n'irai pas au cinéma _____ vous ne veniez aussi.
20. Nous sommes partis très tard _____ nous avons été pris dans les embouteillages.

单元 15

时间的表达

43 找出下列各句中表示时间的连词（短语）或介词（短语）：

1. Quand vous serez majeurs, vous passerez votre permis de conduire.
2. Depuis qu'ils se sont installés à Marseille, ils ne nous ont jamais écrit.
3. Téléphonez-moi dès que vous aurez des nouvelles de votre fils.
4. Une fois que vous aurez fini vos calculs, vous pourrez rendre vos copies.
5. La cigale chantait pendant que la fourmi amassait des provisions.
6. Le téléphone a sonné juste comme j'entrais dans mon appartement.
7. Fermez la porte à clé en attendant que vos parents rentrent du travail.
8. Arrosez bien vos plantes avant de partir pour le week-end.
9. Il faut que tu achètes avant que les soldes ne soient terminés.
10. Le brouillard s'épaississait à mesure que nous avancions.
11. Nous ferons du tennis jusqu'à ce qu'il fasse nuit.
12. Restons sur la plage tant qu'il fait beau !
13. Après que nous aurons fini ce travail, nous irons prendre un apéritif.
14. Ma mère se leva aussitôt que la pendule eut sonné cinq coups.
15. Lorsqu'on est trop indulgent pour soi-même, on n'a pas le droit d'être sévère pour autrui.
16. À peine eut-elle parcouru le message qu'elle poussa un cri de joie.
17. Dès le début il s'est montré hostile à notre projet.
18. Nous sommes arrivés tandis qu'il déjeunait.
19. Ils se sont connus lors d'un voyage en Grèce.
20. Le plombier viendra sitôt que nous l'appellerons.

单元 16

目的的表达

44 找出下列各句中表示目的的连词（短语）或介词（短语）等成分：

1. Ce sportif a fait des efforts pour gagner la course.
2. Il a emmené ses enfants à la montagne pour qu'ils apprennent à skier.
3. Afin de bénéficier de la réduction de 5%, le règlement sera effectué par virement bancaire.
4. Ils ont fermé la porte afin que personne ne sache ce qu'ils disent.
5. J'ai préparé ce projet en vue de la prochaine réunion du conseil d'administration.
6. Voici une description détaillée de la marchandise de sorte que vous puissiez évaluer votre prochaine commande.
7. Il s'approche du micro de façon qu'on puisse mieux l'entendre.
8. Suivez les conseils de votre guide de façon à ne pas avoir de problèmes au cours de la randonnée.
9. Il n'est pas entré de peur de vous déranger.
10. Prenons un parapluie de peur qu'on ne se mouille !
11. Nous avons pris un taxi de crainte d'arriver en retard.
12. Elle leur a téléphoné pour les prévenir de son retard de crainte qu'ils ne s'inquiètent.
13. Faites en sorte d'arriver à l'heure.
14. Fais en sorte que sa chambre soit prête quand il arrivera.
15. Il est parti dans le but de se trouver quelque temps au calme.

单元 17

原因的表达

45　找出下列各句中表示原因的连词（短语）或介词（短语）等成分：

1. L'ascenseur s'est arrêté à cause d'une panne d'électricité.
2. Grâce à vos conseils, j'ai évité une catastrophe.
3. En raison du brouillard, nous vous conseillons de rouler doucement.
4. Comme il était très fatigué et qu'il a raté le dernier métro, il a dû prendre un taxi.
5. Elle ne prend pas le métro parce qu'elle est enceinte.
6. Puisque tu ne m'écoutes pas, j'arrête de parler !
7. Cet exercice était trop difficile, c'est pourquoi je ne l'ai pas fait.
8. Si elle quitte son métier, c'est parce qu'elle ne trouve personne pour garder son enfant.
9. Je ne choisirai pas cet itinéraire : non qu'il ne soit pas intéressant, mais qu'il est trop fatigant.
10. Étant donné la situation financière, les dépenses prévues ont été annulées.
11. Étant donné qu'il reconnaît sa responsabilité dans cette affaire, vous n'avez pas à porter plainte.
12. Vu les circonstances, la réunion est reportée à la semaine prochaine.
13. Vu que tout le monde était d'accord, la réunion s'est terminée plus tôt que prévu.
14. Du moment que vous vous connaissez, je ne vous présente pas.
15. Cet après-midi, nous irons à la plage : en effet, le ciel s'est dégagé et il fait beau.
16. Il est très content d'autant plus qu'il ne s'attendait pas à gagner ce prix.
17. Marie ne viendra pas sous prétexte qu'elle est très fatiguée.

18. Ce jeune homme a été arrêté pour vol dans un magasin de luxe.
19. Pierre a été malade pour avoir mangé trop de fruits de mer.
20. Faute de moyens, nous ne pourrons pas faire les réparations nécessaires.
21. À force d'être souvent absent, il risque de se faire renvoyer.
22. Nous ne pouvons pas sortir par ce mauvais temps.
23. Apprenant que l'équipe de France avait gagné, il a sauté de joie.
24. Blessée aux genoux, Madeleine ne peut pas aller à son travail.
25. Notre enfant étant trop petit, nous ne l'emmènerons pas au cinéma.

单元 18

结果的表达

46 找出下列各句中表示结果的副词（短语）或连词（短语）等成分：

1. Leur loyer est trop cher ; ils cherchent donc un autre appartement.
2. La galerie Matisse était ouverte, alors on l'a visitée.
3. Nous finirons nos études, ainsi aurons-nous plus de chances de trouver un emploi.
4. Nos enfants sont en vacances, aussi pouvons-nous sortir tous les soirs.
5. Nicolas est parti en Angleterre, c'est pourquoi vous ne le verrez pas.
6. Elle est très prise, par conséquent elle n'a pas le temps d'aller à la piscine.
7. Sa famille habite à quelques kilomètres de sorte qu'ils se voient souvent.
8. Il est trop pris par son travail pour s'occuper de son jardin.
9. Cette chaîne hi-fi est trop chère pour que nous puissions l'acheter.
10. Julien est si bavard que j'ai du mal à le supporter.
11. M. Durand parle si vite que je n'arrive pas à comprendre.
12. Ma mère a tant de soucis qu'elle a du mal à s'endormir.
13. Nous avons tant marché que nous avons des ampoules aux pieds.
14. Il est tellement paresseux qu'il ne range jamais sa chambre.
15. Nous avons tellement soif que nous avons vidé la bouteille d'eau.
16. Il y a tellement de brouillard que je ne vois pas la route.
17. Son étonnement était tel qu'il n'arrivait pas à parler.
18. Les températures ont atteint un tel niveau qu'on se croirait en plein été.
19. Ce n'est pas grave au point de paniquer.
20. Il avait beaucoup neigé au point que la circulation était impossible.

单元 19

条件、假设的表达

47 找出下列各句中表示条件、假设的连词（短语）或介词（短语）等成分：

1. Si j'avais la possibilité de faire ce voyage, je partirais sur la Côte d'Azur.
2. Même si nous lui promettons une récompense, il n'acceptera pas de nous aider.
3. Elle était inquiète comme si quelque chose de grave le préoccupait.
4. En cas de problème, n'hésitez pas à me téléphoner.
5. Au cas où nous serions libres ce soir, je vous passerais un coup de fil.
6. Vous aurez droit à une réduction à condition de présenter ce coupon à la caisse.
7. Tu peux emprunter ces jouets à condition que tu ne les casses pas.
8. Supposé que ce soit une bonne affaire, je ne comprends pas pourquoi il nous en a parlé si tard.
9. Il ferait n'importe quoi pourvu que sa femme soit contente.
10. Vous n'aurez pas de places pour *Faust* à moins de réserver trois semaines à l'avance.
11. Cette pharmacie est fermée la nuit à moins qu'il n'y ait des urgences.
12. Paul accompagnera son ami au Salon de l'Automobile sauf s'il veut faire autre chose.
13. Selon Marianne, le paradis serait un jardin planté d'arbres, situé au sommet d'une montagne.
14. Je déciderai d'y aller, selon que tu m'accompagnes ou non.
15. Dans l'hypothèse où les enfants seraient fatigués, ils pourraient se coucher.
16. Élise prendra la voiture, pour peu que sa mère le lui permette.

17. Sans votre aide, je n'aurais jamais su présenter mon C.V. .
18. Avec une salle plus enthousiaste, les acteurs auraient mieux joué !
19. Vous verriez mieux la route en allumant vos phares.
20. Soit que tu prennes la rue à gauche, soit que tu ailles tout droit, tu arriveras devant la gare.

单元 20

让步、对立的表达

48 找出下列各句中表示让步、对立的副词（短语）、连词（短语）或介词（短语）等成分：

1. La route est barrée, mais il est possible de passer par un chemin secondaire.
2. Il n'est pas venu, et pourtant c'était un rendez-vous très important.
3. Pierre est un garçon très laid, cependant il a un certain charme.
4. Je n'aime pas ce genre de film, mais je t'accompagnerai quand même.
5. Mon mari est très sportif ; moi, au contraire, je suis plutôt paresseuse.
6. Contrairement à ce que je pensais, il est arrivé accompagné de sa femme.
7. Paul est petit, en revanche, il court très vite.
8. Malgré toutes nos recommandations, il a fait ce qu'il a voulu.
9. Elle est toujours souriante, en dépit de tous les problèmes qu'elle a.
10. Prépare tes leçons au lieu de regarder la télé !
11. Il a quitté la salle pour protester, tandis que les autres ont applaudi.
12. Tu lui as demandé de te prêter de l'argent alors qu'il n'a pas un sou.
13. J'achèterai cette voiture bien qu'il ne soit pas d'accord.
14. Je préfère qu'on prenne le café dedans quoiqu'il fasse grand soleil.
15. Invite qui que ce soit pour qu'il n'y ait pas treize personnes à table.
16. Par où que vous passiez, la route vous semblera toujours trop longue !
17. Quel que soit le prix, Sophie louera cet appartement.
18. Quelques ennuis que vous ayez, vous devez vous contrôler.
19. Quelque prudent que vous soyez, je vous déconseille de prendre la voiture par ce temps.
20. Tout entraîné qu'il est, je ne pense pas qu'il puisse gagner cette compétition.

初级法语·语法自习自测

单元 1 名词

1 将下列名词的阳性形式改成阴性形式：

1. la danseuse
2. la boulangère
3. la musicienne
4. la sportive
5. la patronne
6. la lycéenne

la vendeuse
la cuisinière
la comédienne
la veuve
la Bretonne
la Coréenne

la travailleuse
l'ouvrière
la Parisienne
la juive
l'espionne
l'Européenne

2 找出阴性和阳性形式相同的名词：

1. Elle est guide.
2. Elle est paysanne.
3. Elle est pianiste.
4. Elle est avocate.
5. Elle est secrétaire.
6. Elle est photographe.
7. Elle est commerçante.
8. Elle est employée.
9. Elle est scientifique.
10. Elle est monitrice.

3 写出下列阳性名词的阴性词形：

1. un copain et une copine
2. un époux et une épouse
3. un héros et une héroïne
4. un hôte et une hôtesse
5. un homme et une femme
6. un garçon et une fille
7. un monsieur et une dame
8. un mari et une femme
9. un roi et une reine
10. un jumeau et une jumelle
11. un coq et une poule
12. un tigre et une tigresse

4 将下列单数名词改成复数形式：

1. les cours
2. les croix
3. les gâteaux
4. les cheveux
5. les journaux
6. les choux

les mois
les prix
les tableaux
les jeux
les hôpitaux
les bijoux

les fils
les riz
les bateaux
les feux
les animaux
les genoux

5 在单数和复数词形相同的名词下划线：

1. <u>bus</u> – <u>pois</u> – finals
2. <u>noix</u> – <u>roux</u> – châteaux
3. <u>nez</u> – <u>pays</u> – <u>chinois</u>
4. <u>bas</u> – bals – <u>ours</u>
5. <u>voix</u> – <u>époux</u> – chevaux
6. <u>os</u> – <u>sous</u> – <u>français</u>
7. <u>poids</u> – mains – sœurs
8. bureaux – cailloux – <u>souris</u>

6 勾出通常用于复数或仅用复数的名词：

☑ les vacances   ☐ les pieds   ☑ les toilettes
☑ les parents   ☑ les gens   ☑ les légumes
☐ les vêtements   ☑ les bagages   ☑ les mathématiques
☐ les médicaments   ☐ les travaux   ☑ les fiançailles

7 将下列词组改成复数形式：

1. les chevaux des généraux
2. les voix des coucous
3. les joujoux dans les berceaux
4. les avis des journaux
5. les succès des rivaux
6. des mets sur des plateaux
7. les poids des métaux
8. des secours aux malheureux

8 将下列句中括号里的名词改成复数形式：

1. Il habite avec (des Français) et (des Espagnols).
2. Je vais chercher (des gâteaux) et (des journaux).
3. Il y a (des festivals) de jazz dans le Sud ?
4. J'ai (des maux) d'estomac.
5. Elle aime (les jeux) de cartes.
6. Sophie a mal aux (yeux).
7. (Mesdemoiselles, mesdames, messieurs), suivez-moi, s'il vous plaît.
8. C'est toujours désagréable de trouver (des cheveux) dans (les plats).

单元 2 不定冠词和定冠词

9 用不定冠词填空，并分析该冠词在句中的不同功能：

1. un	6. un	11. des, des	16. un
2. des	7. une, une, une	12. une, un	17. un
3. un	8. un, un, des	13. un, un	18. un
4. Un	9. un	14. un	19. un
5. des	10. un	15. un	20. des, un

10 用定冠词填空，并分析该冠词在句中的不同功能：

1. la, la	6. Les, la	11. le	16. la, la
2. la	7. Les	12. Les	17. Les
3. l'	8. Le, l'	13. Le	18. le
4. la, la	9. l'	14. L', la	19. La
5. la, le	10. le	15. les, les	20. L'

11 用缩合冠词或介词 à、de 加定冠词填空：

1. du	6. au	11. du	16. au
2. de l'	7. au	12. de la	17. de l'
3. des	8. au	13. aux	18. des, du
4. de la	9. à la, au	14. de l'	19. à la, au, au, à l', à la
5. des	10. à l'	15. aux	20. au, à la, des, des, de l', des

12 用定冠词或不定冠词填空：

1. une	6. un	11. une, une	16. le, la
2. une	7. Des	12. la	17. la
3. le	8. la	13. La, le, la	18. le, le
4. les, les	9. un	14. des, des, un	19. La, la
5. des, un, des	10. la	15. les	20. un

13 填写合适的冠词，如无须冠词，则画斜线：

1. les	6. le, le, le	11. une	16. /
2. les	7. /	12. /	17. /
3. l', un	8. /, /	13. les (des)	18. l'
4. une	9. /	14. /	19. le (du)
5. des	10. un	15. /	20. L', l'

14 用合适的冠词填空，并注意其中的一些特殊用法：

1. un	6. le	11. le	16. l'
2. un	7. La, la, l', la, l', l'	12. Les	17. une
3. une	8. un	13. la	18. le (du), le (du)
4. une	9. l'	14. une, une	19. un
5. la	10. le	15. le	20. les

单元 3 部分冠词

15 用部分冠词填空：

1. du, du	6. du	11. des	16. de la
2. de l'	7. des, des	12. des, du	17. de l'
3. de l'	8. des, de la	13. du, de la	18. de la, du, des
4. de la, de la	9. des	14. du	19. du, de la
5. du, du	10. des	15. du	20. de la, de l', de l'

16 用部分冠词填写短文：

du (pain), du (beurre), de la (confiture), du (café), du (fromage), des (biscuits), du (poisson), de la (viande), des (légumes), des (fruits), du (vin), de l'(eau), du (Coca), du (riz), des (pâtes), de la (soupe), des (frites), des (crêpes), du (chocolat), des (bananes), du (magnésium), du (calcium), du (potassium), de la (force), du (tonus), des (kilos)

17 用定冠词、不定冠词或部分冠词填空：

1. des	6. le, de la, des, du	11. une	16. de la, des
2. du	7. le, le, du, du, des, de la	12. Les	17. de la
3. des		13. des, du, de la du, du, une, un	18. de l'
4. de la, des, de la, du, des	8. la, le, la, l'	14. du	19. du
5. La	9. du, du	15. du	20. Le, du, de la, le, la
	10. des, du, de l'		

18 用定冠词、不定冠词、部分冠词、缩合冠词或介词 à 加定冠词填写下列短文：

une (longue journée), Le (matin), le (médecin), de la (fièvre), à la (bibliothèque), des (livres), un (collègue), au (restaurant), L'(après-midi), de l'(argent), à la (banque), des (courses), à la (boucherie), à la (boulangerie), au (supermarché), de la (viande), du (pain), de l'(eau), des (légumes), la (soirée), à l'(aéroport), une (amie), Le (soir), les (parents de Michel), le (retour de Marina), au (lit)

19 用定冠词、不定冠词、部分冠词或介词 de 填空：

1. de la	6. la, de	11. l'	16. de
2. Le, les	7. de	12. de	17. un, de (d'), de
3. de, de	8. un	13. du, le	18. des
4. des	9. une	14. de, de	19. de l'
5. de l', de (d')	10. de	15. un	20. le, du

单元 4 品质形容词

20 用形容词的阴性词形填空：

1. bleue	6. ancienne	11. grosse	16. sèche
2. française	7. travailleuse	12. longue	17. fraîche
3. difficile	8. secrète	13. blanche	18. idiote
4. étrangère	9. culturelle	14. publique	19. belle
5. dangereuse	10. sportive	15. jalouse	20. vieille

21 将形容词填入正确位置并进行阴、阳性配合：

1. une belle fille
2. de la crème fraîche
3. les vieux films
4. un monsieur élégant
5. sa robe blanche
6. une grande affiche
7. la bière légère
8. un bel hôtel
9. un nouvel appartement
10. un vieil immeuble
11. un jeune professeur amusant
12. une vieille voiture blanche
13. une jolie table ronde
14. un gros poisson rouge
15. un grand écrivain français
16. un bon restaurant parisien
17. un beau quartier bourgeois
18. une petite table ronde
19. un vieil homme fatigué
20. un long manteau noir

22 将下列词组改成复数形式：

1. des tables carrées
2. des tableaux magnifiques
3. des jardins français
4. des murs épais
5. des bijoux précieux
6. des hôtels luxueux
7. des mots amicaux
8. des tableaux originaux
9. de gros livres
10. de longs voyages
11. les nouveaux journaux
12. les vieux professeurs
13. de beaux vitraux
14. de grands appartements
15. des spécialités régionales
16. des pierres précieuses
17. des pulls marron
18. des chemisiers orange
19. des rideaux vert clair
20. des manteaux brun foncé

23 将括号内的形容词进行必要的性、数配合：

1. beaux
2. modernes
3. amoureuse
4. bleus
5. normaux
6. sentimentales
7. meilleure, nouvel
8. grosse
9. inquiète, dangereuses
10. principaux

11. précieux, original
12. étrangers, beaux
13. brunes, blanche
14. gaies, gentilles, amusantes
15. heureux, nouveaux
16. internationaux
17. marron
18. vert pomme
19. amusants, illustrés
20. sociaux, vieil, malade

单元 5 主有形容词

24 用主有形容词填空：

1. mon
2. ma
3. ton
4. ta
5. son

6. sa
7. notre
8. notre
9. mes
10. tes

11. nos
12. vos
13. leur
14. leurs
15. votre

16. votre
17. son
18. son
19. ses
20. leur

25 用主有形容词填写下列句子：

1. ton
2. vos
3. mes, Tes
4. mon, mon, mes, mes
5. sa, son, ses

6. leur, leur
7. Son, Sa, son, Ses
8. ta, ton, ton, tes
9. notre, notre, notre, nos, nos
10. son, ses, ses, son

单元 6 指示形容词

26 用指示形容词填空：

1. ce
2. cette
3. ce, cette
4. Cet
5. cet

6. ce
7. cette
8. ces
9. ces
10. ce

11. Cet
12. ces
13. ce
14. Cette
15. ces

16. Cette
17. cette
18. cet (cette)
19. cette
20. ces

27 用指示形容词或定冠词填写下列各句：

1. Ces
2. Ce, le
3. cette
4. cette
5. Cet, les

6. le, ce
7. ce
8. cette
9. cet, le, le
10. Les

11. Cet, l'
12. la, ce
13. cet
14. cet
15. Le, le

16. Cette
17. les (aux)
18. la, la
19. Ces
20. le, le

28 用定冠词、不定冠词、部分冠词、指示形容词或主有形容词填写以下对话：

— notre, une, nos
— une, ta
— mes, les
— la
— la, le, un
— un
— un, ton, des, ce
— tes, ton
— cet (cette), la, des, un, le

单元 7 疑问形容词和感叹形容词

29 用疑问形容词填空：

1. Quel
2. Quelle
3. Quel
4. Quelles
5. Quels
6. Quelles
7. quel
8. quelle
9. quelle
10. quels

30 用感叹形容词填空：

1. Quel
2. Quelle
3. Quelle
4. Quels
5. Quel
6. Quelle
7. Quels
8. quel
9. Quel
10. Quelle

31 用疑问形容词或感叹形容词填写下列各句：

1. Quelle
2. quelles
3. Quelle
4. Quel
5. Quel
6. quelle
7. Quelle
8. Quelle
9. Quel
10. Quelle
11. Quelle
12. Quelles
13. quelle
14. Quels
15. Quelle
16. quelle
17. Quelle
18. quelle
19. Quel
20. quelle

单元 8 最近将来时和最近过去时

32 将下列句子中的时态改成最近将来时：

1. Je vais te rappeler ce soir.
2. Tu vas loger à la cité universitaire ?
3. On va partir demain matin à cinq heures.
4. Nous allons organiser une fête le week-end.
5. Vous allez acheter un appartement ?

6. Ils vont prendre le train de huit heures.
7. Je vais répondre au téléphone.
8. On va manger dans un restaurant français.
9. L'avion va arriver à 20 heures.
10. Les enfants vont jouer dans le jardin.
11. Nous allons louer une voiture pour la promenade.
12. Le match va commencer dans quelques minutes.
13. Je vais demander l'heure au marchand de journaux.
14. Elle va porter des livres à la bibliothèque.
15. Tu vas téléphoner à la gare pour l'heure du train.

33 将下列句子中的时态改成最近过去时：

1. Je viens de recevoir un message.
2. On dit que tu viens de passer le permis de conduire.
3. Le train vient d'entrer en gare.
4. Nous venons de finir notre travail.
5. Ils viennent de passer leur examen.
6. Je viens de rencontrer Michel dans le métro.
7. Mon copain vient d'acheter un portable très moderne.
8. M. et Mme Durand viennent de vendre leur vieille auto.
9. Sophie vient de rentrer de la Sorbonne.
10. Les Dupont viennent de s'installer dans la banlieue parisienne.
11. La police vient d'arrêter quelques suspects.
12. Nous venons de trouver un logement.
13. Nous, on vient d'arriver à l'aéroport.
14. Le mécanicien vient de réparer la voiture.
15. L'avion pour Londres vient de partir.

34 用最近将来时还是最近过去时？

1. vais
2. va
3. vient de
4. allez
5. vient de
6. va
7. allez
8. vient de
9. va
10. va
11. vais
12. vient de
13. vient de
14. vais
15. vient de

单元 9 命令式

35 按照例句改成命令式：

1. Parlez plus fort.
2. Mange des légumes.
3. Prenez votre temps.
4. Conservez votre ticket de caisse.
5. Buvons plus d'eau.

6. Dors huit heures par nuit.
7. Faites attention à la marche.
8. Changeons la roue arrière.
9. Empruntez le passage souterrain.
10. Ouvre la fenêtre.
11. Va dans le jardin cueillir quelques fleurs.
12. Vas-y !
13. Veuillez vous asseoir.
14. Sois tranquille.
15. N'ayez pas peur.

36 将括号内的动词不定式改成命令式：

1. Regarde
2. Parlez (Parle)
3. écrivez
4. Allons
5. Ne restez pas
6. Ferme
7. Dis
8. veuillez
9. Ne passe pas
10. Soyez
11. Attends
12. Ne bouge pas
13. Ayez
14. Posez (Pose)
15. Asseyez-vous, prenez

单元 10　副代词 y 和 en

37 用副代词 y 重新造句：

1. Tu y vas souvent ?
2. Je n'y vais pas.
3. On y mange très bien.
4. Il y reste une semaine.
5. On y va.
6. Son mari y travaille.
7. Mme Durand y met du lait.
8. Il y pleut souvent ?
9. Je n'y vois rien.
10. Ils vont à Paris, je veux aussi y aller.
11. Quel beau temps ! Allons-y !
12. Vas-y !
13. Ah non, n'y va pas !
14. Tu y penses ?
15. Il faut y réfléchir.

38 用副代词 en 改写下列各句：

1. J'en bois.
2. Tu en as ?
3. L'enfant n'en mange pas.
4. Elle en parle.
5. Mon père en a beaucoup.
6. Nous en avons deux.
7. Ils en reviennent.
8. J'en voudrais deux kilos.
9. Vous en voulez encore un peu ?
10. Nous en sommes contents.
11. Il en a envie.
12. Ajoutez-en encore un peu.
13. Elle en sort à 14 heures.
14. J'en veux bien encore un morceau.
15. Vous pouvez m'en donner quatre.

39 用副代词 y 或 en 填空：

1. y	6. y	11. y
2. en	7. en	12. y, en
3. y	8. en	13. en
4. y	9. en	14. en
5. en	10. en	15. y, en

单元 11　重读人称代词

40 用重读人称代词填空：

1. lui	6. eux	11. elle
2. eux	7. elles	12. nous
3. moi	8. elle	13. moi
4. lui	9. nous	14. soi
5. nous	10. toi	15. soi

单元 12　直接宾语人称代词

41 用直接宾语人称代词填空：

1. t'	6. me	11. nous
2. le	7. l'	12. te, moi
3. les	8. les	13. moi
4. la	9. le	14. te (vous)
5. m'	10. moi	15. la

单元 13　间接宾语人称代词

42 用间接宾语人称代词填空：

1. me	6. me	11. te
2. t'	7. leur	12. leur
3. vous	8. nous	13. lui
4. nous	9. lui	14. leur
5. te (vous)	10. vous	15. lui

43 用直接宾语人称代词、间接宾语人称代词或重读人称代词填空：

1. Moi	8. leur, leur	15. lui
2. le	9. les	16. les
3. lui	10. me	17. soi
4. lui	11. lui	18. lui
5. nous	12. moi, lui	19. te
6. le	13. elle	20. m'
7. eux	14. l'	

44 用合适的人称代词填写下列短文：

A moi, la, leur, leur, la, la, moi, me, m', leur, leur, la, leur, lui
B l', la, la, lui, lui, lui, le, le, le, l', lui, lui, lui, lui, lui, la

单元 14 副词

45 写出由下列形容词加后缀 -ment 构成的副词：

1. lentement	correctement	difficilement	facilement
2. attentivement	heureusement	longuement	doucement
3. complètement	habituellement	franchement	follement
4. évidemment	fréquemment	suffisamment	couramment
5. énormément	profondément	précisément	confusément
6. vraiment	poliment	absolument	assidûment

46 用由下列形容词构成的副词填空：vrai, lent, propre, simple, attentif, profond, heureux, correct, prudent, absolu, tranquille, doux, franc, assidu, fou:

1. lentement	6. vraiment	11. simplement
2. attentivement	7. Heureusement	12. tranquillement
3. prudemment	8. franchement	13. doucement
4. correctement	9. profondément	14. assidûment
5. absolument	10. follement	15. proprement

47 用数量副词 beaucoup de, un peu de, peu de, assez de 或 trop de 填空：

1. beaucoup de	6. trop de	11. peu de
2. trop de	7. beaucoup de (d')	12. beaucoup de
3. assez de	8. un peu de	13. peu de
4. peu de (d')	9. beaucoup de	14. beaucoup de
5. beaucoup de	10. trop de	15. assez de (d')

48 用 beaucoup, un peu, peu, assez, trop 或 très 填空：

1. un peu	6. peu	11. trop, très
2. trop	7. assez	12. un peu
3. beaucoup	8. très, trop	13. trop
4. peu	9. trop	14. trop
5. assez	10. assez	15. assez

49 用副词 tout, toute, toutes 填空：

1. tout	5. tout	9. toute
2. tout	6. tout	10. tout
3. toute	7. toute	
4. toutes	8. tout	

50 用副词 devant, derrière, dedans, dehors, dessus, dessous, ailleurs 填空：

1. dehors	6. dessous	11. dehors
2. dedans	7. ailleurs	12. ailleurs
3. derrière	8. dedans	13. dessous
4. devant	9. derrière	14. dessus
5. dessus	10. dedans	15. devant

51 用 ne ... pas, ne ... que, ne ... rien, ne ... plus, ne ... jamais, ne ... personne, ne ... plus que, ne ... plus rien, ne ... plus jamais, ne ... plus personne 填空：

1. n' ... pas	6. ne ... rien	11. ne ... plus qu'
2. ne ... plus	7. ne ... personne	12. ne ... plus jamais
3. n' ... jamais	8. ne pas	13. n' ... plus rien
4. ne ... que	9. ne plus	14. n' ... plus
5. n' ... jamais	10. n' ... rien	15. n' ... plus personne

单元 15 代词式动词

52 用自反人称代词 se 填空：

1. me	6. se, s'	11. se
2. te	7. nous	12. s'
3. s'	8. nous, nous	13. te
4. nous	9. s', se	14. s'
5. nous	10. se	15. me

53 将括号内的代词式动词改成正确的词形：

1. ne m'habitue pas	6. m'inquiète	11. vous occuper
2. te couches	7. s'en va	12. s'intéressent
3. t'ennuies, t'inscrire	8. se disputent	13. Dépêche-toi
4. s'appelle	9. se préoccupent	14. se débrouille-t
5. nous rendons	10. nous installer	15. Arrêtez-vous

54 按照例句用代词式动词造句：

1. Je me promène dans Paris.
2. Mme Durand s'habille et se chausse.
3. Nous voulons bien nous revoir plus tard.
4. Philippe et sa petite amie s'aiment énormément.
5. Le fromage se mange avec du pain ou du vin.
6. Comment ça se dit en français ?
7. Il s'inscrit à une école du quartier.
8. Sa copine et elle s'embrassent quand elles se voient.
9. Je me demande pourquoi elle ne va pas au bal.
10. Je vais m'acheter un ordinateur portable.
11. Ses parents et lui se téléphonent souvent.
12. Les élèves et leur maître se disent bonjour.

13. Les romans de Maupassant se lisent facilement.
14. Après sa retraite, M. Dupont va s'installer à la campagne.
15. La réforme se fait en plusieurs étapes.

55 说出下列句中自反人称代词的语法功能，并将句子译成中文：
1. 到壁炉旁来暖暖你的脚。（自反意义）
2. 这对双胞胎长得一模一样。（相互意义）
3. 白葡萄酒冰点喝，但不要太冰。（被动意义）
4. 您记得那场足球赛吗？（绝对意义）
5. 学校好像在组织旅游，我去问问这一情况。（自反意义）
6. 行了，我懂了，现在全都清楚了！（被动意义）
7. 明天中午十二点整我们在学校门口见。（相互意义）
8. 你洗手吗？喏，这儿有条毛巾给你擦手。（自反意义）
9. 太太，这双鞋您穿很合适，您来照照镜子看。（自反意义）
10. 突然，天开始下起雨来。（绝对意义）
11. 我们就定在星期一见面吧，好吗？（相互意义）
12. 最好围坐成一圈，这样彼此都能看到。（自反意义、相互意义）
13. 许多外国人去巴黎，感受大革命两百周年节日盛况。（绝对意义）
14. 书报亭也有杂志出售。（被动意义）
15. 遭受不幸时，真正的朋友才会相互帮助。（相互意义）

单元 16　国家、城市等名称前的介词

56 用 en, au, aux 或 du, de 填空：

1. au	6. en	11. En
2. au	7. Au	12. en
3. en	8. aux	13. de
4. en	9. en	14. du
5. en	10. au	15. aux

57 用合适的介词填写下列各句：

1. à	6. en, à (au), à (aux)	11. à, à, à
2. à	7. de, de	12. sur, dans
3. en, à (au)	8. en, en	13. dans
4. en	9. en, à	14. dans
5. en	10. en, en	15. par, dans

58 用合适的介词填写下列对话：

à (au Canada), en (France), en (Suisse), à (la mer), à (la montagne), en (Autriche), par (la Suisse), par (l'Italie), en (Europe), à (au printemps), à (Au printemps), en (été), à (Vienne), en (mai), en (août), dans (quinze jours)

单元 17 两个名词间的介词 de

59 用介词 de 连接下列词组：

1. un cours de français
2. une salle de lecture
3. un roman d'amour
4. une carte de crédit
5. une table de bois
6. une voiture de luxe
7. un chapeau d'enfant
8. un bain de soleil
9. un chauffeur de taxi
10. des poissons de mer

60 用介词 de 连接下列词组，并注意冠词的缩合：

1. la porte du bureau
2. la valise du voyageur
3. le bureau du directeur
4. le travail de l'employé
5. les clés de la voiture
6. les textes de la leçon deux
7. les élèves de la Classe A
8. les jouets de la petite Marie
9. l'enfant du voisin
10. le chef du gouvernement chinois

61 选择下列名词填写词组：

1. une tasse de thé
2. un verre de lait
3. un bol de riz
4. un pot de yaourt
5. une boîte de conserve
6. une bouteille de champagne
7. un paquet de cigarettes
8. un morceau de sucre
9. une tranche de jambon
10. une feuille de papier

62 用下列词组完成句子：

→ Je vais acheter 200 grammes de beurre, 2 litres de lait, 1 boîte de lentilles, 2 kilos de tomates, 1 paquet de biscuits, 2 litres de vin rouge, 1 litre d'huile d'olive, 4 tranches de jambon et 800 grammes de viande.

64 选择下列名词填写词组，并注意冠词的缩合：

1. l'explication du texte
2. la construction du pont
3. l'exportation du café
4. la préparation du dîner
5. l'augmentation de la production
6. la modernisation du pays
7. le développement de l'industrie
8. le dépannage de la voiture

单元 18 与形容词配合的介词 à 和 de

65 用介词 à 或 de 填空，并分析句子的结构：

1. à
2. à
3. à, à
4. de
5. de
6. à
7. à
8. de
9. de
10. de
11. à
12. à
13. de (d')
14. de, de
15. de

单元 19 表示地点的介词

66 用介词 à, dans, chez, en 填空：

1. à (au)	6. chez	11. à	16. dans
2. à (au)	7. chez	12. dans	17. à
3. à	8. dans	13. à, en	18. dans
4. à	9. dans	14. dans	19. dans
5. à	10. à	15. en	20. à

67. 用介词 à, de, sur, sous, devant, derrière 填空：

1. sur	6. sous	11. derrière	16. à (au)
2. sur	7. sous	12. sur	17. à (au)
3. sur	8. devant	13. De	18. à
4. sur	9. derrière	14. De (D')	19. sous
5. sur	10. devant	15. de	20. sur

68 用介词 de, en, par, pour, vers, entre, contre, depuis, jusqu'à, avant, après 填空：

1. en	6. entre	11. pour	16. contre
2. de	7. vers	12. depuis	17. par
3. pour (à/au)	8. par	13. jusqu'à	18. avant
4. pour	9. entre	14. vers	19. après
5. par	10. depuis	15. contre	20. avant

单元 20 表示时间的介词

69 用介词 à, de, avant, après, dans, il y a 填空：

1. Après	6. à	11. il y a, dans	16. de, à
2. avant	7. À	12. dans	17. dans
3. à	8. dans	13. Dans	18. dans
4. après	9. dans	14. avant	19. de (du)
5. de, à	10. il y a	15. après	20. de

70 用介词 depuis, dès, en, pendant, pour 填空：

1. Depuis	6. en, en	11. pendant	16. depuis
2. depuis	7. En	12. pendant	17. pour
3. dès	8. depuis, pour	13. pour	18. en
4. dès	9. en	14. pour	19. pendant
5. depuis	10. en	15. pendant	20. dès

71 用介词 entre, vers, jusqu'à, par, sous, sur 填空：

1. entre	5. jusqu'à	9. jusqu'à	13. jusqu'à
2. jusqu'à	6. jusqu'à	10. vers	14. sur
3. par	7. par	11. jusqu'à	15. sous
4. vers	8. par	12. entre	

单元 21　泛指形容词、泛指代词 tout

72 用泛指形容词 tout, toute, tous, toutes 填空：

1. tout	6. tous	11. Toutes, toutes	16. tous
2. Toute	7. Toutes	12. toutes	17. Tous
3. tout	8. tous	13. Tous, tout	18. toutes
4. tous	9. Toute	14. tout	19. tous
5. tous	10. toutes	15. toute	20. tous

73 用泛指代词 tout, tous, toutes 填空：

1. Tout	6. tous	11. tout	16. tous
2. tout	7. toutes	12. tous (toutes)	17. toutes
3. tout	8. tout	13. tous	18. tous
4. tout	9. tout	14. tous (toutes)	19. tous
5. tout	10. tout	15. tous (toutes)	20. tous

单元 22　过去分词

74 写出下列第一组动词和第二组动词的过去分词：

1. parlé	donné	entré
2. fermé	visité	habité
3. invité	mangé	loué
4. acheté	passé	gagné
5. fini	choisi	rempli
6. réussi	bâti	grossi

75 写出下列第三组动词的过去分词，并注意其构成的规律：

1. sorti	parti	servi
2. répodu	vendu	attendu
3. pris	appris	compris
4. ouvert	couvert	découvert
5. mis	permis	promis
6. conduit	produit	construit
7. connu	paru	apparu
8. fait	écrit	dit

76 连接动词不定式和相应的过去分词：

1. avoir	eu	9. voir		vu
2. être	été	10. pouvoir		pu
3. savoir	su	11. vouloir		voulu
4. lire	lu	12. recevoir		reçu
5. venir	venu	13. falloir		fallu
6. vivre	vécu	14. pleuvoir		plu
7. naître	né	15. boire		bu
8. mourir	mort	16. croire		cru

单元 23 复合过去时

77 用助动词 avoir 或 être 填写复合过去时：

1. ai
2. as
3. a
4. avons
5. avez
6. ont
7. suis
8. es
9. est, est
10. sommes
11. êtes
12. sont, a
13. a
14. est
15. ont, ont
16. est, est
17. suis
18. sommes, avons
19. est, est
20. sont, ont

78 将动词不定式变成复合过去时：

1. a dîné
2. a parlé
3. ai attendu
4. avez lu
5. ont choisi
6. sont venus
7. sommes descendus
8. ai reçu
9. a pris
10. est revenue, a eu
11. sont devenus
12. a changé
13. a servi
14. est tombée, s'est cassé
15. ont réussi
16. s'est mis
17. se sont renseignés
18. a (beaucoup) augmenté
19. ai rencontré, nous sommes parlé
20. avons voulu, n'avons pas pu

单元 24 复合过去时的性、数配合

79 将下列各句中的过去分词进行性、数配合：

1. venue
2. partis
3. restée
4. retournée
5. rentrés
6. née
7. morte
8. devenue
9. allée
10. montés
11. rangée
12. vus
13. prise
14. arrivée
15. tombée
16. couchée
17. connus
18. vendue
19. occupée
20. rencontrés

80 根据不同情况，将下列各句中的过去分词作相应的性、数配合：

1. lavé
2. arrivé
3. envoyé
4. sortie, allée
5. reconnus, parlé
6. acheté, mangé
7. faite
8. téléphoné
9. restés
10. partie
11. installés
12. téléphoné
13. promenées
14. cassée
15. travaillé, couchée
16. demandé
17. lavé
18. terminé, sortis
19. couru, embrassés
20. posé, interrogés

81 将下列短文改用复合过去时，并注意过去分词的性、数配合：

→ Écoute, Cécile, ça ne va plus du tout !
Je t'ai invitée au restaurant, je t'ai attendue pendant une demi-heure, je t'ai écoutée pendant tout le repas ; au dessert, tu as aperçu tes amis, tu les as invités à notre table pour prendre le café, je vous ai écoutés pendant vingt minutes sans rien dire, j'ai payé l'addition ; et quand nous sommes sortis, tu les as accompagnés au cinéma et tu m'as laissé tout seul !

→ Hier matin, Annie s'est réveillée tôt. Elle s'est préparée rapidement : elle s'est habillée et elle s'est coiffée en dix minutes. Elle s'est dépêchée de prendre son petit déjeuner, puis elle est allée à son rendez-vous d'embauche. Elle a marché longtemps, mais elle s'est trompée de rue deux fois et elle s'est perdue. Elle s'est renseignée dans un bar et elle a retrouvé son chemin, mais elle est arrivée en retard. Elle s'est excusée, mais pendant l'entretien, elle s'est énervée et elle s'est très mal exprimée. Elle est rentrée chez elle et a pleuré pendant une demi-heure, puis elle s'est calmée. Elle a téléphoné à sa meilleure amie et elles ont bavardé un bon moment. Annie a raconté ses aventures et finalement, elles se sont beaucoup amusées.

82 将括号里的动词改成现在时、复合过去时或最近过去时：

1. tourne
2. paie
3. a perdu
4. ai fait
5. se met
6. a
7. ai présenté
8. vient
9. a (déjà) joué
10. a appris
11. gêne
12. vient
13. ai passé
14. avez
15. a frappé
16. vient
17. vois
18. reviens
19. ai vu
20. sommes

单元 25 直接问句和间接问句

83 将下列直接问句转换成间接问句：

1. Je vous demande ce que vous faites le week-end.
2. Je te demande ce que tu prends comme boisson.
3. Je te demande ce que tu veux pour Noël.
4. Je vous demande ce que vous lisez en ce moment.
5. Il lui demande ce qui l'intéresse dans la vie.
6. Il lui demande ce qui l'amuse dans cette histoire.
7. Il lui demande ce qui s'est passé dans la rue.

8. Il lui demande ce qui est tombé par terre.
9. Elle demande si vous connaissez ce chanteur.
10. Elle demande si vous aimez la musique classique.
11. Elle demande si vous pouvez l'aider.
12. Je demande ce que vous mangez au dîner.
13. Je demande comment vous vous appelez.
14. Je demande pourquoi vous apprenez le français.
15. Je demande quand vous êtes arrivé.

84 用 ce qui, ce que, si, quand, où, comment, pourquoi, combien, quel 填空：

1. combien
2. pourquoi
3. comment
4. quand
5. ce que
6. ce qui
7. pourquoi
8. combien
9. si
10. où
11. ce qui
12. quelle
13. si
14. comment
15. quels

单元 26 及物动词与介词 à 和 de

85 用介词 à 或 de 填空，并注意及物动词的搭配用法：

1. à
2. à (aux)
3. à
4. à
5. de
6. de
7. de
8. de
9. de
10. de
11. de
12. à
13. à
14. à
15. à (aux)
16. de
17. à
18. à
19. à
20. de

86 下列各句中的动词（短语）与介词 à 还是与介词 de 配合使用？

1. à
2. à
3. de
4. de
5. à
6. à
7. de
8. à
9. à
10. à
11. de (d')
12. de
13. de
14. de
15. à (au)
16. à
17. de
18. de
19. de
20. de (du)

中级法语·语法自习自测

单元 1 未完成过去时

1 将下列各句中的现在时改成未完成过去时：

1. Quand j'avais treize ans, j'étais gros et j'avais des boutons.
2. J'habitais dans une tour de trente étages.
3. M. Dupont ne connaissait pas ses voisins.
4. Tu allais à ton travail en voiture ou en métro ?
5. Le soir, nous regardions la télévision.
6. Ils voulaient savoir où tu étais.
7. Quand il préparait son examen de maths, il sortait rarement.
8. À Paris, nous déjeunions toujours dans un petit restaurant du Quartier latin.
9. Vous voyagiez souvent par le train quand vous étiez jeune ?
10. Le soleil brillait, la mer était bleue. Il y avait des bateaux au loin.
11. Le restaurant était vide. Seul un couple mangeait au fond de la salle.
12. Je te voyais presque tous les matins à l'arrêt du bus.
13. Il pleuvait depuis quelques jours, nous n'avions pas envie de sortir.
14. Les enfants mettaient de beaux vêtements le dimanche.
15. Il fallait mettre beaucoup de temps pour aller d'une ville à l'autre.

2 将下列各句中的动词不定式改成未完成过去时，并说出它的各种用法：

1. lisais
2. nous préparions
3. mangeait
4. s'entendait
5. voulais, restait
6. regardait
7. étais, allais
8. pleuvait
9. avait
10. avions, n'avions pas, étions
11. étais, ne savais pas
12. n'aimais pas
13. ne se sentait pas
14. voulais
15. fallait
16. se servaient
17. marchais
18. traversais
19. circulait
20. attendaient

3 将括号里的动词改成复合过去时或未完成过去时：

1. étais, avais
2. travaillait
3. a conseillé
4. regardait
5. a laissés
6. faisait
7. nous baignions
8. faisait, avait
9. parlait
10. achetais, ai acheté
11. pleuvait
12. admirait
13. parlait
14. se battaient, séparait
15. a ri
16. avons roulé
17. faisait
18. ai voulu, n'avons pas pu
19. voulait
20. se promenait
21. est parti
22. avais
23. pleuvait
24. attendait
25. est allée
26. n'allait pas
27. attendait
28. a retiré
29. ne connaissais pas
30. ai rencontré, était, pleuvait, marchait, semblait, a glissé

4 将下列短文改用过去时态：

étais, faisait, attendais, regardais, n'y avait pas, ai remarqué, est passé, restait, était, semblait, s'est arrêtée, est sorti, portait, était, avait, avait, étais, a tendu, est reparti, n'ai pas vu, est arrivée, a embrassé, s'est assise, ai tourné, n'était plus

5 将下列短文中的动词不定式改成复合过去时或未完成过去时：

suis allé, ai payé, ai voulu, a refusé, ai recommencé, a avalé, suis entré, ai expliqué, ai donné, a regardé, portait, était, faisait, utilisais, était, possédait, espérais, était, était, était

me suis levé, ai pris, ai bu, suis sorti, faisait, pleuvait, ai appelé, semblait, parlait, fumait, ai commencé, a jeté, me suis arrêté, ai voulu, s'est retourné, a dit, avait, devais, roulait, brûlait, ai dit, a regardé, ai abandonné, ai fermé, défilait, sommes arrivés, suis sorti, ai payé, tremblaient, portaient, avais, me suis dirigé, ai pris

单元 2 简单将来时

6 将括号里的动词改成简单将来时：

1. achèterons
2. n'habiteront plus
3. aurai
4. verras
5. sera
6. irons
7. pourrai
8. viendra
9. ferai
10. aurez
11. faudra
12. saurez
13. feras
14. pleuvra
15. devront

7 将下列短信中出现的现在时根据需要改用简单将来时：

Salut Léa !

　　Comment vas-tu ? Moi, ça va très bien. Dans six mois, j'aurai ma licence d'économie. Adieu les études ! Je n'irai plus à la fac. D'abord, je partirai en vacances avec ma copine. Je crois qu'on ira au Mexique pour rendre visite à Roberto. On restera un mois là-bas et après je rentrerai à Paris.

　　À mon retour, je chercherai un travail et je pourrai enfin quitter mes parents ! J'aurai mon appartement et je ferai ce que je voudrai.

　　Bon, c'est vrai que je devrai aussi payer les factures, mais la liberté a un prix !

　　J'espère que tu viendras me voir quand j'habiterai seul.

　　À bientôt,

　　　　　　　　　　　　　　　　　　　　　　　　　　　Jacques

8 下列各句中的动词不定式须用简单将来时还是最近将来时？

1. parlerai, ferai
2. ne se mariera jamais, sera
3. va s'occuper
4. allez vous marier
5. auras, feras, voudras
6. trouvera
7. vais (te) préparer
8. va écouter
9. allez tomber
10. partira
11. vais boire
12. allons rater
13. seras
14. aura
15. fêterons
16. vais voir
17. prendrez
18. remettrez
19. sera
20. verra

9 将括号里的动词改成现在时、简单将来时、复合过去时或未完成过去时：

reconnaîtrai, verrai, ne l'ai pas vue, était, allait, portait, n'était pas, travaille, s'est mariée, arrivera, passeront, irai

单元 3 先将来时

10 将括号里的动词改成简单将来时或先将来时：

1. ferai, aurai terminé
2. regarderas, auras fait
3. apportera, aura mis
4. nous achèterons, aurons gagné
5. réglera, aura reçue
6. auras fini, pourras
7. aura trouvé, se mariera
8. aurai ouvert, verserai
9. aurons appris, préviendrons
10. se seront mis, signeront
11. aurez réfléchi
12. aurai fini
13. aura reçu
14. arriveront, serons (déjà) partis
15. reviendras, auront changé

11 将括号里的动词改成现在时、最近将来时、简单将来时或先将来时：

1. est
2. pourras
3. va partir
4. cherche
5. ne changera pas
6. aurez lu
7. acceptera
8. ne seras pas
9. aura fini
10. vont arriver
11. laisserai
12. auront mangé
13. emmènera
14. sera-t-il arrivé
15. repeindrons
16. va (bientôt) commencer
17. aurez terminé
18. va tomber
19. allons terminer
20. aurai (vite) terminés

单元 4 过去最近将来时和过去最近过去时

12 用过去最近将来时完成句子：

1. Paul m'a dit qu'il allait partir en vacances avec ses copains.
2. Pierre m'a dit qu'il allait faire un tour en Chine.
3. Mon ami m'a dit que Marco et Sophie allaient se marier.
4. La radio a annoncé qu'il allait pleuvoir.
5. Anne m'a dit ce qu'elle allait faire la nuit.
6. Sophie m'a montré ce qu'elle allait offrir à son ami.
7. Mon père m'a montré la voiture que nous allions acheter.
8. Michel m'a indiqué l'autoroute qu'il allait prendre.
9. J'allais sortir quand le téléphone a sonné.
10. Nous allions partir quand il s'est mis à pleuvoir.

13 用过去最近过去时完成句子：

1. L'avion venait de partir quand je suis arrivé à l'aéroport.
2. Le téléphone venait de sonner quand j'ai ouvert la porte.
3. Nous venions de dîner quand Sophie est arrivée avec Marco.
4. Le malfaiteur venait de se sauver quand la police est arrivée sur place.
5. Paul est entré dans la salle ; le film venait de commencer.
6. Ils sont arrivés en retard ; le train venait de partir.
7. La rue était glissante ; il venait de pleuvoir.
8. J'ai lu le magazine qu'elle venait de m'apporter.
9. L'enfant a cassé le jouet que son père venait de réparer.
10. Pierre et Marie ont mangé des crêpes que leur mère venait de faire.

14 将括号里的动词改成过去最近将来时、过去最近过去时、复合过去时或未完成过去时：

1. ai pris
2. allait
3. venait
4. voulait
5. a laissés
6. allait
7. a retiré
8. venait
9. avaient
10. allions
11. se réunissait
12. venait
13. allais
14. a réveillés
15. venait

单元 5 愈过去时

15 将括号里的动词改成愈过去时：

1. avait travaillé
2. s'était trompée
3. avait offert
4. avait (beaucoup) aidé
5. avait appris
6. avait travaillé
7. avait (déjà) préparé
8. avaient vendu
9. avait vu
10. avaient fini
11. avait fait
12. avait perdu
13. avait mangé
14. avait (beaucoup) vieilli
15. avait préparé

16 将括号里的动词改成复合过去时、未完成过去时、愈过去时或过去最近过去时：

1. ai comptés
2. était
3. avais (mal) expliqué
4. mettions
5. est mort
6. venait
7. ai cassé
8. avait prévenus
9. avons rencontré
10. faisais
11. avait fini
12. se sont séparés
13. venions
14. avait arrêté
15. avait neigé
16. se rencontraient
17. avait volé
18. s'est mise
19. avait pris
20. avait fait

单元 6 基础时态综合

17 将括号里的动词改成合适的时态：

1. t'intéresses
2. arrivera
3. convient
4. ai (beaucoup) changé
5. avais
6. touchent
7. auras
8. se promenait
9. va
10. allait
11. avait commandés
12. entrais
13. a
14. a tiré
15. avais remonté
16. existait
17. vient
18. viendra
19. était arrivé
20. venait
21. avait (tellemen) bu
22. est
23. remettrez
24. est
25. a déchirée
26. demande
27. ne risquerez pas
28. sont
29. ont accueillis
30. lisait
31. allait
32. n'ai pas mangé
33. faisait
34. étions
35. est sortie
36. a (déjà) sorti
37. avait perdu
38. suis passé
39. a (déjà) monté
40. connaissait

18 将括号里的动词改成合适的时态：

1. ne ferme plus
2. ferons
3. est tombé
4. pourras
5. vais
6. intéressait
7. n'ai pu
8. n'était pas
9. est passé
10. venait
11. faut
12. s'est brûlé
13. ne l'avais pas signé
14. se retrouvera
15. pèsent
16. restait
17. allait
18. faites
19. réussira
20. auras pris
21. avait obtenu
22. dormaient
23. gagnais
24. avait repris
25. était
26. pleuvait
27. nous sommes aperçus
28. n'arriverons pas
29. aurez obtenu
30. avait détruit
31. entrait
32. se préparait
33. avions visité
34. aura (tout) préparé
35. s'apprêtait
36. continueront
37. ai dû
38. doit
39. étudierons
40. aurai (bientôt) fini

19 给以下四篇短文填上合适的动词时态：

A étais, faisais, avait, était, a eu, ont été, sont restés, a duré, a allumé, étaient, fallait

B ai fait, marchais, avait, suis entrée, ai monté, voyais, faisait, ai vu, avait, a dit, attendions

C avais, devaient, suis descendu, ai laissé, était, faisait, me suis promené, suis allé, ai pris, me suis dirigé, étaient, ai aperçus, ai crié, n'ont pas entendu, avait, ai traversé, se sont rencontrés, nous sommes embrassés, étions

D est, a fait, a passé, (a) obtenu, décrivait, avait suivis, étaient, apprenaient, a voulu, sommes entrés, était, était, ne venaient pas, vendaient, discutaient, était, ne reconnaissait pas, étaient, a souri, a vu, a dit, ont

单元 7 关系代词 qui, que, où, dont

20 用关系代词 qui 连接两句句子：

1. Voilà un beau tableau qui me plaît beaucoup.
2. Cécile a une poupée qui pleure et (qui) fait pipi.
3. Édith Piaf est une chanteuse qui est connue dans le monde entier.
4. L'homme qui lit un journal est surveillé par la police.
5. Le bureau qui est à droite est celui du directeur.
6. L'homme à qui j'avais prêté de l'argent a disparu.
7. L'hôtesse à qui je me suis adressé parle bien français.
8. Les amis avec qui j'ai dîné sont des collègues de bureau.
9. Je connais le monsieur avec qui Pierre parle en ce moment.
10. Le directeur pour qui Thomas travaillait l'a licencié.

21 用关系代词 que 连接两句句子：

1. Le pull que vous portez est en laine ou en coton ?
2. L'aéroport que nous avons visité est très moderne.
3. Les chaussures que j'ai achetées sont fabriquées en Italie.
4. L'étranger que tu as aidé est de nationalité française.
5. La jeune fille que j'ai connue pendant le voyage est pianiste.
6. Rapporte-moi le livre que je t'ai prêté.
7. Nice est une belle ville que j'aime beaucoup.
8. J'ai pris beaucoup de photos que je vais vous montrer.
9. Il connaît la dame que vous avez rencontrée dans le couloir.
10. Toute la famille s'occupe du chien qu'on a abandonné.

22 用关系代词 où 连接两句句子：

1. Voilà le bois où je me promène souvent.
2. Je connais le village où vous avez passé vos vacances.
3. Nous nous sommes promenés dans la forêt où il y a un vieux château.

4. Mon oncle habite dans un pays où il fait très chaud.
5. Il s'installera dans la ville où il a passé son enfance.
6. Le restaurant où j'ai dîné avec mes amis n'est pas très cher.
7. Le village où nous passons nos vacances se trouve au bord de la mer.
8. Le lundi est un jour où beaucoup de magasins sont fermés.
9. Il est parti en France le soir où il pleuvait très fort.
10. J'ai pris ces photos le jour où il faisait très chaud.

23 用关系代词 dont 连接两句句子：

1. C'est un auteur dont je n'ai jamais entendu parler.
2. C'est un beau voyage dont je me souviendrai toute la vie.
3. J'achèterai un ordinateur dont j'ai besoin.
4. Offre-lui ce disque dont elle a envie.
5. Voilà un résultat dont je suis content.
6. Voilà un travail dont le directeur sera satisfait.
7. Pierre m'a dit une nouvelle dont il n'était pas sûr.
8. C'est un accident terrible dont le chauffeur de camion est responsable.
9. C'est un monument dont l'image est le symbole de Paris.
10. J'ai vu un petit garçon dont les cheveux sont tout blonds.
11. *Les feuilles mortes* est une chanson dont j'adore la musique.
12. Je connais ton ami dont j'ai oublié le nom.
13. Voilà dix magazines dont quatre (sont) en français.
14. Nous avons reçu plusieurs visiteurs dont trois (sont) professeurs d'histoire.
15. J'ai rencontré quelques touristes dont deux (sont) Français.

24 用关系代词 qui, que, où , dont 填空：

1. que (qu')
2. qui
3. qui
4. où
5. dont
6. où
7. qui
8. que (qu')
9. dont
10. où
11. que
12. qui
13. dont
14. dont
15. que
16. où
17. qui
18. dont
19. que (qu')
20. dont

25 用合适的关系代词填空：

1. qui
2. que
3. que
4. où
5. dont
6. qui
7. où
8. que
9. qui
10. dont
11. où
12. que
13. dont
14. qui, qui
15. dont
16. où
17. où
18. dont
19. dont
20. dont

26 用 ce qui, ce que, ce dont 填空：

1. ce qui
2. ce qui
3. ce que (qu')
4. ce que
5. Ce que
6. ce dont
7. ce dont
8. Ce dont
9. ce qui
10. Ce que
11. ce qui
12. Ce qui
13. ce dont
14. ce que
15. ce que
16. ce qui
17. ce qui
18. Ce qui
19. ce que (qu')
20. Ce que

27 用 ce qui, ce que, ce dont 或 qui, que, dont 填写以下短文和对话：

A Ce que, ce que, ce que (qu'), ce que (qu'), ce que (qu'), ce que (qu'), ce dont, ce qui, ce que, ce que

B ce qui, ce que, qui, qui, qui, que, Ce qui, dont, qui, qui, ce que (qu'), que (qu'), ce que (qu'), qui

单元 8 不定式句

28 用 voir, regarder, écouter, entendre, sentir 改写下列各句：

1. Le gardien voit un inconnu sortir de la salle.
2. L'enfant regarde M. Leloup réparer sa vieille voiture.
3. Les passants écoutent quelques jeunes gens chanter dans la rue.
4. On entend quelqu'un parler dans la pièce d'à côté.
5. Tout le monde a senti la terre trembler.
6. Je l'ai vu partir avec une femme de petite taille.
7. Son enfant la regarde préparer un gâteau.
8. Nous l'écoutons chanter une chanson sentimentale.
9. Mes copains l'ont entendu pousser un cri de douleur.
10. Je le sens battre fort.

29 将下列各句改成不定式句，注意不定式句主语的位置变化：

1. Je ferai venir mes copains chez moi. / Je les ferai venir chez moi.
2. Le patron fait travailler les ouvriers dans les ateliers. / Le patron les fait travailler dans les ateliers.
3. L'hôtesse d'accueil fait entrer les visiteurs dans la salle d'exposition. / L'hôtesse d'accueil les fait entrer dans la salle d'exposition.
4. Cette histoire fait beaucoup rire les enfants. / Cette histoire les fait beaucoup rire.
5. La maîtresse de maison fait asseoir les invités dans la salle de séjour. / La maîtresse de maison les fait asseoir dans la salle de séjour.
6. Le chat a fait tomber la tasse. / Le chat l'a fait tomber.
7. Mme Durand fait cuire l'œuf dans l'eau. / Mme Durand le fait cuire dans l'eau.
8. Le maître fait sortir le chien de la cuisine. / Le maître le fait sortir de la cuisine.

30 将下列各句改成不定式句，注意不定式句主语的不同形式：

1. Je fais passer l'aspirateur à mon frère. / Je lui fais passer l'aspirateur.
2. Le maître fait lire le texte aux élèves. / Le maître leur fait lire le texte.
3. Son copain fait écouter un disque de musique classique à Sophie. / Son copain lui fait écouter un

disque de musique classique.

4. Un de ses collègues fait regarder un appareil extraordinaire à Paul. / Un de ses collègues lui fait regarder un appareil extraordinaire.

5. Le directeur fait taper le courrier à l'assistante. / Le directeur lui fait taper le courrier.

6. Je fais voir mes photos à mes amis. / Je leur fais voir mes photos.

7. Nous faisons réparer notre voiture au mécanicien. / Nous lui faisons réparer notre voiture.

8. Mme Dupont fait installer le climatiseur à l'ouvrier. / Mme Dupont lui fait installer le climatiseur.

31 按照例句改造不定式句，注意主语的位置变化：

1. Faites-le venir.
2. Faites-les travailler.
3. Faites-les entrer.
4. Faites-les asseoir.
5. Faites-les chanter.
6. Faites-les danser.
7. Faites-les sortir.
8. Faites-le cuire.

32 按照例句改造不定式句，注意主语及宾语的位置变化：

1. Faites-leur lire le texte. / Faites-le lire aux élèves.
2. Faites-lui réparer la voiture. / Faites-la réparer au mécanicien.
3. Faites-lui installer le climatiseur. / Faites-le installer à l'ouvrier.
4. Faites-lui fermer la porte. / Faites-la fermer à votre frère.
5. Faites-lui porter le vase chez vous. / Faites-le porter chez vous à l'antiquaire.
6. Faites-lui livrer la table et les chaises. / Faites-les livrer au marchand de meubles.
7. Faites-leur planter quelques arbres. / Faites-les planter à vos parents.
8. Faites-lui emmener votre enfant à l'école. / Faites-le emmener à l'école à votre mari.

单元 9 形容词的比较级和最高级

33 用形容词的比较级填空：

1. plus
2. aussi
3. moins
4. plus
5. moins
6. aussi, moins
7. meilleurs
8. plus
9. moins
10. plus
11. plus
12. meilleur
13. plus
14. plus
15. plus
16. aussi
17. aussi
18. aussi
19. plus
20. meilleures, meilleurs

34 用形容词的最高级填空：

1. les plus
2. la plus
3. le plus
4. la plus
5. la moins
6. la plus, la plus
7. le plus
8. la plus
9. la plus
10. les plus
11. les plus
12. les plus
13. le moins
14. le meilleur
15. les meilleurs
16. la plus
17. la moindre
18. les meilleurs
19. les plus
20. le moindre

单元 10　副词的比较级和最高级

35　用副词的比较级填空：

1. plus
2. aussi
3. moins
4. plus
5. moins
6. mieux
7. plus
8. mieux
9. plus
10. plus
11. aussi
12. moins
13. plus
14. autant
15. moins
16. mieux
17. moins, plus
18. autant
19. plus
20. plus

36　用副词比较级或形容词比较级填空：

1. plus
2. mieux
3. moins
4. aussi (moins)
5. autant
6. meilleurs
7. mieux
8. meilleures
9. plus
10. autant
11. autant
12. mieux
13. meilleur
14. moins
15. mieux, meilleurs
16. aussi, autant
17. aussi
18. plus
19. plus
20. moins

37　用副词的最高级填空：

1. le plus
2. le moins
3. le plus (le moins)
4. le plus
5. le moins
6. le mieux
7. le plus
8. le mieux
9. le plus
10. le moins
11. le plus (le mieux)
12. le plus
13. le moins
14. le plus
15. le plus
16. le moins
17. le moins
18. le mieux
19. le plus
20. le plus

38　用形容词、副词的比较级或最高级填空：

1. plus
2. moins
3. plus
4. mieux
5. meilleure
6. la meilleure
7. la plus
8. meilleure
9. mieux
10. moins
11. moins
12. autant
13. le plus
14. mieux
15. plus
16. mieux
17. les plus
18. la meilleure
19. autant
20. le mieux, le meilleur

单元 11　直接引语和间接引语

39　将直接引语改成间接引语，注意人称的变化：

1. Le jeune homme dit qu'il ne fume plus.
2. Mme Dupont dit qu'elle reste chez elle le dimanche.
3. Madeleine me dit qu'elle me montre ses photos.
4. Ma copine dit qu'elle entend ses voisins parler et se disputer.
5. Mon père me dit qu'il doit partir tout de suite.
6. Michel me dit que le directeur est encore dans son bureau.
7. Je dis à mes parents qu'il y a une émission intéressante à la télé.
8. Paul dit à ses copains que ses parents projettent de faire un séjour sur la Côte d'Azur.

40 将直接引语改成间接引语，注意时态的变化：
1. Marie a dit que ces plats étaient à son goût.
2. André a dit que son père travaillait dans l'administration.
3. Mon ami m'a dit qu'il avait assez mangé.
4. Mes copains ont dit qu'ils avaient visité l'exposition de peinture.
5. La météo a annoncé qu'il allait pleuvoir.
6. Il m'a dit que le match allait bientôt commencer.
7. Mon voisin m'a dit qu'ils s'installeraient en banlieue.
8. M. et Mme Roche ont dit qu'ils achèteraient un trois-pièces plus tard.

41 将直接引语改成间接引语，注意时间状语的变化：
1. L'assistante a dit que le directeur était alors très occupé.
2. Louis a dit qu'il pleuvait très fort ce jour-là.
3. Sophie a dit qu'elle l'avait rencontré dans la rue la veille.
4. Paul a dit qu'ils allaient partir en France le lendemain.
5. Jacques a dit que son oncle était arrivé de Rome trois jours avant.
6. Sylvie a dit qu'elle terminerait son doctorat un mois après.
7. Mes amis m'ont dit qu'ils avaient vu un film français la semaine précédente.
8. Marco et Sophie m'ont dit qu'ils allaient faire une excursion en forêt la semaine suivante.

单元 12　被动态

42 将括号里的动词改成被动态：

1. a été inventé
2. a été conçu
3. a été découverte
4. a été réalisée
5. a été peinte
6. a été conçue
7. a été construit
8. a été prise
9. a été inauguré
10. a été remplacé

43 将下列各句的主动态改成被动态：
1. Tous les jours, l'escalier est nettoyé jusqu'au 10ᵉ étage par la concierge.
2. Ces devoirs doivent être faits par l'enfant lui-même.
3. Ces livres ont été écrits pour les enfants de 5 à 8 ans.
4. Son permis de conduire a été retiré pour un mois par la police.
5. Avant, le blé était battu à la main par les paysans.
6. Le voleur était poursuivi par le chien quand il se jeta à la porte.
7. Pierre a dit que le pot à lait avait été cassé par le chat.
8. Des immeubles seront construits aux abords de la ville.
9. Tous les devoirs auront été corrigés par le professeur quand la cloche sonnera.
10. La femme de ménage va être renvoyée par les Dupont : elle n'est pas honnête.

44 下列各句中施动者补语由介词 par 还是 de 引导？

1. de	6. par (de)	11. de
2. de	7. de	12. de
3. par	8. de (d')	13. par (de)
4. de	9. de	14. de
5. par (de)	10. de	15. de (d')

45 下列各句的主动态都可以改成被动态吗？

1. non	5. non	9. non
2. oui	6. oui	10. oui
3. non	7. oui	
4. oui	8. non	

2. Trois places vont être réservées dans l'avion de 13 h 25 par eux.
4. Le match vient d'être annulé à cause de la pluie.
6. La voiture peut être garée devant l'aéroport ?
7. Les numéros de nos places vont être vérifiés.
10. Cette rue peut être trouvée facilement.

46 区分下列各句中的主动态和被动态：

1. 主动态	6. 主动态	11. 被动态
2. 被动态	7. 主动态	12. 主动态
3. 被动态	8. 被动态	13. 主动态
4. 被动态	9. 被动态	14. 主动态
5. 主动态	10. 主动态	15. 主动态

单元 13　条件式现在时

47 用下列词组按照例句完成句子：

→ Si tu sors sans parapluie, tu te mouilleras ; si tu te mouilles, tu prendras froid ; si tu prends froid, tu tomberas malade ; si tu tombes malade, tu manqueras l'école ; si tu manques l'école, tu rateras l'examen ; si tu rates l'examen, tu travailleras l'été ; si tu travailles l'été, tu ne partiras pas en vacances ; si tu ne pars pas en vacances, tu ne pourras pas te baigner dans la mer ni prendre un bain de soleil.

→ Si tu sortais sans parapluie, tu te mouillerais ; si tu te mouillais, tu prendrais froid ; si tu prenais froid, tu tomberais malade ; si tu tombais malade, tu manquerais l'école ; si tu manquais l'école, tu raterais l'examen ; si tu ratais l'examen, tu travaillerais l'été ; si tu travaillais l'été, tu ne partirais pas en vacances ; si tu ne partais pas en vacances, tu ne pourrais pas te baigner dans la mer ni prendre un bain de soleil.

48 将括号里的动词改成条件式现在时，注意句子结构及语法功能：

1. pourrais	5. serait	9. choisirais
2. ferais	6. arriverais	10. réussirait
3. n'aurais plus	7. obtiendriez	11. n'y aurait pas
4. viendraient	8. seraient	12. seraient

13. voudrais
14. Pourriez
15. ferais
16. devriez
17. serait
18. serait
19. pourrais
20. aimerions

49 将下列各句括号里的动词改成合适的时态或语式：

1. ferait
2. fera
3. étions
4. réussit
5. déposez (dépose)
6. passeras
7. pratiquais
8. irait
9. iriez
10. ne pourrions pas
11. me méfierais
12. disiez
13. partiraient
14. pourrais
15. feriez
16. faudrait
17. serait
18. serait
19. pourrez
20. voudrais
21. avait
22. aurait
23. devriez
24. ne saurait
25. vaudrait
26. dirait
27. ne pourrais plus
28. pourriez
29. aurait
30. seraient

单元 14 过去将来时

50 将下列各从句改成过去将来时：

1. J'ai dit qu'il pleuvrait le lendemain.
2. Je croyais que mes voisins s'installeraient en banlieue.
3. Je savais que les Dupont achèteraient une maison de campagne.
4. J'espérais que vous trouveriez un bon emploi.
5. J'étais sûr que notre équipe gagnerait le match.
6. Je me demandais s'il continuerait ses études en France.
7. Je ne savais pas ce que je ferais après mes études.
8. Je lui demandais avec qui elle irait sur la Côte d'Azur.
9. Je ne comprenais pas pourquoi tu voudrais changer de métier.
10. Je voulais savoir comment nous décorerions la salle de réception.

51 将括号里的动词改成合适的过去时态：

1. partirait
2. avait plu
3. allais
4. est allée
5. a publié
6. ne viendrait pas
7. ne marchait plus
8. ferait
9. avais présentée
10. étions
11. réussiriez
12. ferait
13. allait
14. venons
15. est venu
16. avait laissé
17. ferait
18. venait
19. cherchais
20. viendrait
21. ont été
22. voyageaient
23. avons dû
24. ne serait pas
25. viennent
26. a dépensé
27. aiderait
28. se sont inscrites
29. partirions
30. n'a pas eu

单元 15 指示代词、主有代词

52 用简单指示代词填空（根据需要添加合适的词）：

1. celui de
2. celle de
3. ceux de
4. celles de (du)
5. celui que
6. celle que (qu')
7. ceux qui
8. celles qui
9. celle de
10. celui de
11. ceux qui
12. Ceux qui
13. Celui qui
14. celui de (d')
15. celles que
16. ceux qui
17. celles dont
18. celle de
19. Celui qui
20. Celles de (des)

53 用复合指示代词填空：

1. celui-là
2. celle-là
3. ceux-là
4. celles-ci
5. celui-ci
6. Celui-ci
7. celle-ci, celle-là
8. Ceux-ci, ceux-là
9. celle-là
10. celui-là
11. celle-là
12. ceux-ci
13. celle-ci, celle-là
14. celui-ci
15. celui-ci

54 用简单指示代词或复合指示代词填空（根据用法添加合适的词）：

1. celle de
2. celui de
3. celle-ci
4. ceux qui
5. ceux de
6. Celles de, celles de
7. celle-ci, celle-là
8. celle de
9. ceux de (des)
10. celui-là
11. Ceux qui
12. celui de
13. celui-là
14. Celui qui
15. celui dont
16. Ceux-ci, ceux-là
17. ceux-ci
18. celles que
19. celui-ci, celui qui
20. celui-ci, celui-là, Celui qui

55 用主有代词或指示代词（根据需要加上合适的词）填空：

1. La tienne
2. le mien
3. les tiens
4. les vôtres
5. celle de
6. les tiennes
7. la mienne
8. Celui que
9. celle qui
10. la sienne
11. les tiennes
12. le nôtre
13. les leurs
14. les miennes
15. celle de
16. le vôtre
17. le sien
18. ceux que (qu')
19. Les nôtres
20. le mien
21. celui de
22. celle de (d'), la sienne
23. celle où
24. les siens
25. Les miens

单元 16 基础介词综合

56 用介词 à 或 de 填写下列各句：

1. à
2. à
3. à
4. de
5. de (d')
6. à
7. à
8. à
9. à
10. à
11. de
12. À
13. de
14. de
15. de
16. De
17. de
18. de
19. de
20. de

57 用介词 de, sur, entre, parmi, par, vers, sans, contre 填空：

1. sur
2. entre
3. Parmi
4. sur
5. sur
6. sans
7. de (du)
8. sans
9. de
10. de
11. de (d')
12. contre
13. contre
14. de
15. contre
16. de (d')
17. vers
18. vers
19. par
20. par

58 用介词 à, de, en, pour 填空：

1. pour
2. pour, pour
3. en
4. en, en
5. pour
6. en
7. pour
8. à (au)
9. à
10. en
11. pour
12. en
13. à (aux), à (aux)
14. en
15. de
16. de
17. en
18. en
19. de
20. de

59 用介词 à, de, en, avec, sur, sous, par 填空：

1. avec
2. de
3. à
4. en
5. par
6. à, à
7. avec
8. par, avec
9. par, par
10. à (au)
11. à (au), à
12. De (D')
13. de (d')
14. à (au), à
15. sur, sur
16. par
17. par
18. sous
19. par, par
20. avec

60 用介词 à, de, avec, sur, en, par, pour 填空：

1. avec
2. de
3. avec
4. À
5. à (aux)
6. en, en
7. à
8. à
9. pour
10. par
11. pour
12. de (d')
13. pour
14. en
15. de
16. de (des)
17. Sur
18. à (au)
19. de
20. de

61 用合适的介词填空：

1. de (d')
2. pour
3. à
4. Depuis
5. de (d')
6. en
7. dans
8. par
9. sur
10. en
11. en
12. de
13. pour
14. de
15. à
16. en
17. dans
18. de, à
19. parmi
20. de
21. sur
22. en
23. avec
24. pour
25. de (d')
26. en
27. de
28. de (du)
29. avec
30. à
31. à (au), à (au)
32. À
33. en
34. à
35. de
36. de
37. sur
38. contre
39. de (d')
40. dans

单元 17 介词与动词

62 用合适的介词填空，注意介词和动词的搭配用法（一）：

1. de (du)
2. de
3. par
4. dans
5. de (du)
6. de (du)
7. de (du)
8. à
9. à
10. à
11. à
12. à
13. de
14. de
15. de (d')
16. de (du)
17. pour
18. à
19. à
20. pour
21. à (au)
22. à (aux)
23. de (des)
24. à
25. avec
26. à
27. À
28. entre
29. en
30. avec

63 用合适的介词填空，注意介词和动词的搭配用法（二）：

1. de
2. de
3. de
4. de
5. de
6. de (d')
7. de
8. de
9. de
10. de
11. de
12. de
13. à
14. à
15. à
16. à
17. à
18. à
19. à
20. à
21. à (de)
22. à
23. à
24. à
25. à
26. à
27. à
28. à
29. de
30. de (du)

64 用合适的介词填空，注意介词和动词的搭配用法（三）：

1. à (au)	11. à	21. de
2. de	12. à	22. de
3. à	13. de	23. de
4. à	14. de	24. par
5. de	15. de	25. de
6. de	16. de (d')	26. à
7. de	17. à	27. de
8. de	18. de (d')	28. à
9. de	19. à	29. de
10. à	20. de	30. à

65 用合适的介词填空，注意介词和动词（短语）的搭配用法（四）：

1. de	11. en	21. sur
2. pour	12. en	22. à (aux)
3. avec	13. contre	23. en
4. de	14. de	24. par
5. avec	15. avec	25. de
6. à	16. contre	26. en
7. sur	17. sur	27. de (d')
8. de	18. de (des)	28. de
9. sur	19. contre	29. pour (contre)
10. de	20. pour	30. à

单元 18 介词与形容词

66 用合适的介词引导形容词补语：

1. de	11. à	21. à
2. pour	12. à (au)	22. de
3. de	13. pour	23. envers
4. de	14. envers	24. de (d')
5. à	15. de	25. à
6. à	16. contre	26. de (du)
7. de	17. à	27. de
8. en	18. de	28. à
9. avec	19. à (au)	29. à
10. à	20. à	30. de (d')

高级法语·语法自习自测

单元 1 泛指代词、泛指形容词

1 用泛指代词 quelqu'un, personne, quelque chose, rien, quelques-uns 填空：

1. quelqu'un
2. personne
3. quelque chose
4. rien
5. Personne
6. quelque chose
7. Rien
8. personne
9. rien
10. quelqu'un
11. personne
12. quelqu'un
13. rien
14. quelques-unes
15. quelques-uns
16. quelque chose
17. quelques-uns
18. Quelques-uns
19. quelques-unes
20. Personne

2 用泛指形容词 quelque(s), certain(s), plusieurs, autre(s) 填空：

1. quelques
2. Certaines
3. plusieurs
4. autres
5. autre
6. quelques
7. quelque
8. Certains
9. certain
10. plusieurs
11. quelques
12. Certains
13. quelque
14. quelques
15. certaines
16. autre
17. quelques
18. autres
19. quelque
20. certain

3 用泛指代词 certains, plusieurs, autre(s), chacun, aucun, même(s) 填空：

1. Certains
2. plusieurs
3. certains
4. Plusieurs
5. autres
6. autre
7. autres
8. Certains
9. Chacun
10. chacun
11. aucun
12. Aucun
13. Chacun
14. aucune
15. même
16. mêmes
17. Certains
18. autres
19. aucune
20. aucun

4 用泛指形容词 chaque, tout, aucun, nul, même, tel 填空：

1. Chaque
2. chaque
3. tout
4. Toutes, tous
5. aucune
6. Aucun
7. aucune
8. nul (aucun)
9. nul (aucun)
10. même, même
11. mêmes
12. telle
13. telle
14. Chaque
15. Tous
16. toutes
17. aucune
18. telle
19. aucune
20. mêmes, mêmes

5 用合适的泛指代词或泛指形容词填空：

1. quelque chose
2. rien
3. personne
4. quelques (plusieurs)
5. certains
6. autre
7. autre
8. certains
9. autre
10. autres
11. mêmes
12. aucun
13. tout
14. tous
15. même
16. mêmes
17. autres
18. chacun
19. chacun
20. toutes
21. certain
22. Quelques
23. quelques-unes
24. chacun
25. chacun
26. quelques
27. aucune
28. aucun
29. quelques-uns
30. Aucun
31. quelques-uns
32. Quelques-uns
33. même
34. Certains
35. plusieurs
36. Chaque
37. tel
38. autre
39. quelque
40. Aucun

6 用 n'importe qui, n'importe quoi, n'importe quand, n'importe où, n'importe comment, n'importe quel, n'importe lequel 填写下列各句：

1. N'importe qui
2. n'importe quoi
3. n'importe quand
4. n'importe où
5. n'importe comment
6. n'importe quel
7. N'importe laquelle
8. n'importe où
9. N'importe qui
10. n'importe quand
11. n'importe quelle
12. N'importe lequel
13. n'importe quoi
14. N'importe quel
15. n'importe où
16. n'importe comment

单元 2 条件式过去时

7 将下列各句的条件式现在时改成条件式过去时：

1. J'aurais pris trois semaines de congé.
2. Tu aurais prévenu tes parents, tes frères et tes sœurs.
3. Il aurait acheté un maillot de bain et un sac de couchage.
4. Nous nous serions couchés tôt la veille du départ.
5. Vous seriez arrivé en avance à la gare pour prendre votre train.
6. Ils seraient descendus de l'avion à l'aéroport de Nice.
7. Cet avion aurait atteint les 3000 kilomètres / heure.
8. Les voyageurs auraient pris le car pour aller sur la Côte d'Azur.
9. Certains se seraient baignés dans la mer, d'autres auraient pris un bain de soleil.
10. Les vacanciers auraient découvert une autre façon de vivre.

8 将下列各句括号里的动词改成合适的时态或语式：

1. avais pu
2. aurais pu
3. avait consulté
4. avait mis
5. n'aurions pas dû
6. m'étais mariée
7. aurais dit
8. n'auraient pas loué
9. n'aurais pas eu

10. serait venu	14. aurions pris	18. aurait dû
11. avait été	15. n'aurait pas été	19. aurait atteint
12. n'auriez pas	16. aurais voulu	20. aurait fait
13. avait suivi	17. auriez pu	

9 将括号内的动词改成条件式现在时或条件式过去时：

1. comprendrais	8. planterais	15. aurait fait
2. aurait assisté	9. aurait pu	16. devrais
3. serais	10. pourrait	17. accepterais
4. aurait participé	11. serais	18. aurait joint
5. dormirais	12. serait arrivé	19. aurait pris, aurait fait
6. auriez	13. aurait reçu	20. mangerait
7. achèterions	14. aurais acheté	

单元 3 过去先将来时

10 将下列各句中的简单将来时改成过去将来时，先将来时改成过去先将来时：

1. Il m'a dit qu'il viendrait me voir quand il serait arrivé à Rome.
2. Elle m'a promis qu'elle me trouverait un travail quand elle se serait installée.
3. Il m'a répondu qu'il partirait en voyage quand il aurait réparé sa voiture.
4. Elle m'a écrit qu'elle demanderait le visa lorsqu'elle aurait préparé les documents nécessaires.
5. Il a assuré qu'il me téléphonerait dès qu'il aurait appris quelque nouvelle.
6. Elle m'a dit qu'elle aurait trouvé une solution avant son départ.
7. Il a assuré qu'il aurait réparé la voiture avant la pluie.
8. Elle m'a promis qu'elle aurait fini tout cela avant mon arrivée.
9. Je croyais que mes parents seraient rentrés avant la nuit.
10. Je pensais que Sophie aurait passé son permis de conduire avant les vacances.

11 将括号里的动词改成合适的过去时态：

1. était	8. se marieraient	15. aurait terminé
2. avions (déjà) visité	9. serait arrivée	16. déménagerions
3. pourrait	10. prendrait	17. aurait (tout) préparé
4. viendrait	11. aimait	18. fumait
5. avaient fait	12. avait pris	19. irions
6. viviez	13. ferait	20. aurait fait
7. ferait	14. aurait fait	

单元 4 简单过去时、先过去时

12 将下列各句中的复合过去时改成简单过去时：

| 1. demandai, haussa | 3. descendirent | 5. enlevai |
| 2. dit | 4. servit | 6. entendis |

7. se jeta	12. raconta	17. vécut
8. aperçus	13. fut	18. eurent
9. appela	14. prit	19. firent
10. entra, aperçut	15. éclata	20. fonça
11. prit, tendit	16. naquit	

13 将以下短文中的动词时态改成简单过去时：

ouvrit, regarda, entra, ferma, bougeai, observai, s'approcha, fut, écartai, essaya, tourna, se mit, ouvrit, regarda, entendis, restai, arrivai

14 将括号里的动词改成简单过去时或先过去时：

1. eus ouvert	8. eut gagné	15. nous sentîmes
2. eut fini	9. eurent compris	16. eûmes pris
3. fut	10. prit	17. eut-elle parcouru
4. eut tourné	11. eut accepté	18. mirent
5. eut	12. se mit	19. applaudirent
6. eus compris	13. eus prêté	20. eurent aperçu
7. s'assit, perdit	14. reconnut	

单元 5 现在分词

15 将括号里的动词改成现在分词：

1. ayant	6. regardant	11. Faisant
2. Voyant	7. Étant	12. pensant
3. Ayant	8. Entendant	13. Descendant
4. Prenant	9. parlant	14. Participant
5. criant	10. Ne pouvant pas	15. découvrant

16 用现在分词改写下列各句：

1. J'ai vu des enfants jouant à cache-cache.
2. Entrant dans la maison, il a aperçu un inconnu.
3. Ayant mal à la tête, elle a pris un médicament avant de se coucher.
4. Travaillant avec méthode, vous réussiriez à parler français.
5. Le directeur entra dans le bureau, serrant la main à tout le monde.
6. Arrivant à l'aéroport, nous nous sommes aperçus qu'une de nos valises avait disparu.
7. Les chambres donnant sur la mer sont plus chères.
8. Prenant ce médicament, vous ferez tomber la fièvre.
9. Mme Durand prépare le dîner, pensant à son père bien malade.
10. Voulant faire un séjour sur la Côte d'Azur, il a demandé quelques jours de congé à son patron.

单元 6 副动词

17 用副动词改写下列各句：

1. Faites attention en déposant ce vase, c'est fragile.
2. En ouvrant mon sac, je me suis aperçu que j'avais oublié mon portable.
3. Nous l'avons aperçu en sortant du parking.
4. Vous prendrez des risques en roulant très vite.
5. En prenant l'autoroute A 9, nous y arriverons avant la nuit.
6. Ne regarde pas la télé en mangeant.
7. Nous avons beaucoup appris en voyageant.
8. Je pense que nous y arriverons plus tôt en prenant le métro.
9. En lisant les petites annonces, vous arriveriez à trouver un emploi.
10. Paul a trouvé de vieilles photos de son grand-père en fouillant dans le tiroir.

18 将下列短文中括号里的动词改成副动词：

en téléphonant, en envoyant, en se servant, En utilisant, en gagnant

19 将下列各句括号里的动词改成现在分词或副动词：

1. demandant
2. en traversant
3. Entrant
4. en consultant
5. saluant
6. (En) prenant
7. Voyant
8. en regardant
9. Ne connaissant rien
10. venant
11. serrant
12. En discutant
13. portant
14. en travaillant
15. fatiguant
16. en achetant
17. en partant
18. Apprenant
19. en (me) rendant
20. S'apercevant

单元 7 复合关系代词

20 用复合关系代词 lequel 连接两句句子：

1. La solution à laquelle vous pensez n'est peut-être pas la meilleure.
2. Michel m'a écrit une lettre très drôle à laquelle j'ai répondu tout de suite.
3. La conférence à laquelle j'ai assisté hier était très ennuyeuse.
4. Le fauteuil dans lequel vous êtes assis est en cuir.
5. Est-ce que le stylo avec lequel vous écrivez est rechargeable ?
6. La fenêtre par laquelle le cambrioleur est entré est intacte.
7. Le porche sous lequel ils se sont abrités date du XVIIe siècle.
8. Jacques nous a présenté son projet sans lequel il n'obtiendrait pas le contrat.
9. Voilà le terrain sur lequel on fera construire un hôtel.
10. La situation dans laquelle il se trouve est particulièrement délicate.
11. Le mur contre lequel Jean-Paul s'appuyait s'est effondré.
12. Je suis descendu dans un hôtel près duquel il y a une station de métro.
13. Ce chemin mène à un champ au bout duquel il n'y a plus rien.

14. L'agent de police entre dans un bureau sur la porte duquel on lit : « Directeur ».
15. J'ai lu un article sur cette maladie au sujet de laquelle on a tant écrit.

21 用复合关系代词 lequel 填空：

1. lesquelles (auxquelles)
2. lequel
3. laquelle
4. lequel
5. lequel
6. lequel
7. laquelle
8. lesquelles
9. lequel (auquel)
10. laquelle
11. laquelle
12. lequel (duquel)
13. lequel (duquel)
14. lequel (duquel)
15. lesquelles (desquelles)

22 用关系代词 qui, que, où, dont 或复合关系代词 lequel 填空：

1. que (qu')
2. qui
3. où
4. dont
5. lequel (auquel)
6. lequel
7. dont
8. laquelle
9. lequel
10. lequel
11. dont
12. que (qu')
13. qui
14. dont
15. lesquels (auxquels)
16. lesquels
17. laquelle
18. que
19. dont
20. qui (lesquelles)
21. laquelle
22. lesquels (auxquels)
23. où
24. lesquels
25. lesquels
26. lequel (duquel)
27. lequel (duquel)
28. dont
29. que, dont
30. laquelle

单元 8　疑问代词、复合疑问代词

23 用疑问代词 qui, que, quoi 或复合疑问代词 lequel 填空：

1. qui
2. Que
3. quoi
4. Qui, qui
5. Quoi
6. Lequel
7. laquelle
8. Laquelle
9. lequel
10. Quoi
11. Lequel
12. quoi, quoi
13. Lesquels
14. quoi
15. laquelle
16. lequel (auquel)
17. Lequel
18. qui
19. qui
20. laquelle

24 用 qui, que, quoi, ce qui, ce que, qui est-ce qui, qui est-ce que, qu'est-ce qui, qu'est-ce que 填空：

1. Qui est-ce qui (Qui)
2. Qu'est-ce que
3. Qui
4. Qu'est-ce que
5. Qui est-ce que
6. Qui est-ce qui (qui)
7. Que
8. Qu'est-ce qui
9. qui est-ce que
10. qu'est-ce que
11. ce que
12. qui
13. ce qui
14. qui est-ce qui (qui)
15. qui est-ce que
16. ce qui
17. qui
18. qui
19. quoi
20. Qui est-ce qui (qui)

单元 9 虚拟式

25 将括号里的动词改成虚拟式现在时，注意虚拟式在名词性从句中的用法：

1. apprenne
2. passions
3. assiste
4. puissiez
5. ne connaisses pas
6. ne puisse pas
7. fasse
8. ne sorte pas
9. versiez
10. apprennes
11. vous fassiez
12. puissent
13. aille
14. soyons
15. ayez
16. achetiez
17. nous installions
18. coûtent
19. permette
20. soit

26 将括号里的动词改成虚拟式现在时，注意虚拟式在关系从句中的用法：

1. connaisse
2. soit, se trouve
3. comprenne
4. soit
5. puisse
6. puisse
7. sache
8. puisse
9. sache
10. fasse
11. soit
12. aie
13. puisse
14. veuille
15. soit

27 将括号里的动词改成虚拟式现在时，注意虚拟式在状语从句中的用法：

1. signions
2. soit
3. puissent
4. parte
5. choisissiez
6. fasse
7. fasse
8. soit
9. s'améliore
10. soit
11. se sente
12. s'en aperçoive
13. soit
14. soyez
15. dise
16. soit
17. soit
18. fasse
19. viennes
20. soient

28 将下列各句括号里的动词改成直陈式或虚拟式：

1. refasse
2. ne restiez pas
3. se passera
4. faut
5. sache
6. soit
7. viennes
8. pleuvra
9. attrapes
10. parte
11. réussisse
12. aille
13. prendront
14. plaise, passiez
15. passerons
16. apporte
17. est
18. apprennent
19. vienne
20. prenions

29 将下列各句中括号里的动词改成合适的语式：

1. soit
2. puisse
3. emmenions
4. habitons
5. soit
6. est
7. n'ait pas
8. méritiez
9. a manqué
10. soit
11. finisses
12. préparait
13. puisse
14. ne sois pas
15. consomme
16. arrive
17. fasse
18. changiez

19. soit	23. sache	27. connaisse
20. aille, fasse	24. aurons reçu	28. ayez
21. soit	25. soit	29. fassions
22. soit	26. soient	30. connaissions

30 将下列各句中括号里的动词改成虚拟式现在时或虚拟式过去时：

1. rendiez	11. aie (jamais) vu	21. ait insisté
2. parviennes	12. connaisse	22. ne soit pas rentrée
3. trouve	13. ait acheté	23. soyons arrivés
4. ayez oublié	14. ne soit pas	24. parviennent
5. aient (déjà) décidé	15. soit	25. viennent
6. demandiez	16. ait	26. ne soit pas arrivé
7. parte	17. ayez réussi	27. soit
8. n'ait pas répondu	18. abandonne	28. ait plu
9. ne soit pas venue	19. soit	29. abandonnions, soit
10. soit	20. ait cassé	30. ait pu

单元 10 不定式

31 从下列各句中找出动词不定式，并注意其语法功能：

1. fumer	8. visiter	15. faire
2. naviguer	9. s'installer	16. s'habituer, parler
3. faire, découvrir	10. éviter	17. s'éloigner
4. vouloir, pouvoir	11. conduire, s'endormir	18. faire, s'y prendre
5. retenir	12. faire	19. entendre, parler
6. se mettre	13. lire	20. jouer, se brûler
7. se baigner	14. garder, sortir	

32 从下列各句中找出动词不定式，并注意其相关用法：

1. dîner	8. avoir trouvé	15. cuire
2. voir	9. être venu	16. lire
3. faire	10. avoir fait, se coucher	17. se faire, examiner
4. dire	11. être organisé	18. sentir
5. faire, sortir	12. toucher	19. rire
6. remercier	13. passer	20. avoir fait
7. acheter	14. stationner	

单元 11 复合过去分词

33 用复合过去分词改写下列各句：

1. Ayant pris un dessert, Mme Durand a demandé un café.
2. Ayant fait sa valise, M. Dupont est parti en voiture.

3. Ayant lu les petites annonces, il a téléphoné à une agence immobilière.
4. Retourné à la station de métro, Pierre a retrouvé son parapluie.
5. Descendu du train, j'ai vu mon oncle qui m'attendait.
6. Monté dans son cabinet de travail, mon père s'est mis à lire le journal.
7. Ayant travaillé toute la journée, mon frère s'est couché après le dîner.
8. N'ayant pas trouvé mon ami, je lui ai laissé un message.
9. Ayant eu du succès, Michel a été augmenté.
10. Partis de très bonne heure, nous avons pu éviter les embouteillages.
11. Levée trop tard, Sophie a manqué le premier train.
12. Réveillé à cinq heures, il a eu largement le temps de se préparer.
13. Grondé par son père, l'enfant s'est mis à pleurer.
14. Blessé à la main, je n'ai pu faire la vaisselle.
15. Critiqué par son patron, Jean s'est excusé de sa négligeance.

34 将括号里的动词改成现在分词、副动词或复合过去分词：

1. bavardant
2. ayant fini
3. Ayant
4. N'ayant pas reçu
5. en tombant
6. (En) travaillant
7. Rentré
8. en mangeant
9. annonçant
10. Voyant
11. Ayant mangé
12. Poursuivis
13. en glissant
14. donnant
15. Ayant fait
16. Ne sachant pas
17. en conduisant
18. N'ayant pas trouvé
19. endormi
20. sachant

35 用现在分词、副动词或复合过去分词改写下列各句：

1. Ce sont des chercheurs travaillant dans le domaine de l'informatique.
2. Notre patron fume toujours en travaillant au bureau.
3. Voyant que tout le monde est là, le directeur se met à parler.
4. N'ayant plus rien à manger, nous allons faire des provisions.
5. Descendu du train, il a trouvé Sophie avec ses deux enfants.
6. J'ai aperçu ma cousine dans la foule en traversant la rue.
7. L'enfant tremblant de peur et d'inquiétude pleurait dans la rue.
8. Ayant pris le train de 13 heures, il est arrivé à Strasbourg très tard dans la nuit.
9. (En) prenant le métro, vous y arriverez à l'heure.
10. Blessée aux genoux, elle ne pouvait pas aller au bureau.
11. Un homme ayant beaucoup voyagé a beaucoup vu.
12. Bernard, ayant tout compris, a décidé de rentrer tout de suite.
13. Arrivés devant une maison, ils ont trouvé la porte fermée.
14. Nous avons vu une foule d'enfants dansant sur la place.
15. Ayant beaucoup à faire, M. Martin n'a pu aller à la mer.

单元 12 独立分词从句

36 将下列各类从句改成独立分词从句：

1. Le conférencier ayant terminé son discours, toute la salle l'a beaucoup applaudi.
2. Ses parents sortis, Pierre se met à s'amuser avec le chat.
3. Le séjour nettoyé, Mme Dupont se met à préparer le dîner.
4. La fenêtre ouverte, quelques mouches entrèrent.
5. Un champignon dessiné, le garçon sourit et s'en alla.
6. Le directeur étant absent, nous n'avons pris aucune décision.
7. La pluie ne cessant pas, il décida de rester à la maison.
8. La voiture tombée en panne, M. Dubois a dû prendre un taxi.
9. Les travaux terminés avant terme, tous les ouvriers ont été augmentés.
10. Jean-Paul ayant obtenu le premier prix, son père lui a acheté un vélo de montagne.
11. L'autoroute étant saturée, vous prendrez les petites routes.
12. L'économie reprenant, le gouvernement serait moins inquiet.
13. Cette fausse manœuvre évitée, l'accident ne serait pas arrivé.
14. Le temps le permettant, nous ferons une promenade dans la forêt de Fontainebleau.
15. Marie partie une heure plus tôt, Jacques aurait pu la rejoindre à Paris.

37 将下列独立分词从句中括号里的动词改成现在分词、过去分词或复合过去分词：

1. terminées
2. approchant
3. sorti
4. étant
5. tombant
6. accomplie
7. revenu
8. arrivée
9. réparée
10. ayant terminé
11. ne venant pas
12. installé
13. partis
14. venant
15. évitée
16. étant
17. prise
18. tombé
19. aidant
20. tombant

单元 13 无人称动词

38 连接下列两个部分，将其组成无人称句：

1. Il faut de la persévérance pour réussir.
2. Il s'agit de se mettre d'accord : tu acceptes ou non ?
3. Il reste un peu de fromage dans le frigo.
4. Il existe un bureau de poste dans notre rue.
5. Il sort de la montagne plusieurs ruisseaux.
6. Il me vient une idée : ajouter du rhum à cette recette.
7. Il se passe des choses bizarres dans cette maison.
8. Il est défendu de monter dans le train en marche.
9. Il manque quelque chose à mon bureau.
10. Il suffit de lui dire cela, il comprendra bien.
11. Il lui est difficile de terminer ce travail avant cinq heures.

12. Il faisait un temps splendide.
13. Il arrive que l'on hésite sur l'orthographe d'un mot.
14. Il paraît que ses parents ont tout fait pour empêcher son mariage.
15. Il vient d'y avoir un accident du travail, le directeur est sur les lieux.

39 选择合适的动词填写下列无人称句：

1. faire
2. faut
3. est arrivé
4. reste
5. semble
6. existait
7. vient
8. a-t-il manqué
9. vaut
10. suffit
11. s'est produit
12. s'agit
13. arrive
14. est interdit
15. paraît

单元 14 连词

40 用并列连词 et, ou, ni, mais, car, or, donc 填空

1. car
2. ni … ni
3. ou
4. mais
5. donc
6. car
7. ou
8. donc
9. Ni …ni
10. et
11. car
12. mais
13. ou
14. or
15. mais, donc

41 用从属连词 lorsque, comme, pendant que, avant que, après que, aussitôt que, dès que, depuis que 填空：

1. Lorsque
2. avant que
3. dès que
4. Depuis que
5. après que
6. Lorsque
7. dès que
8. depuis que
9. Comme
10. pendant que
11. Dès que
12. comme
13. Aussitôt que
14. avant que
15. Pendant que

42 用从属连词 comme, que, parce que, puisque, pour que, quoique, même si, vu que, pourvu que, au cas où, à moins que, de sorte que 填空：

1. que
2. comme
3. Puisque
4. pour que
5. Comme
6. pourvu que
7. Puisque
8. parce que
9. Au cas où
10. que
11. Comme
12. parce que
13. à moins que
14. vu que
15. Quoique
16. puisque
17. même si
18. pourvu que
19. à moins que
20. de sorte que

单元 15 时间的表达

43 找出下列各句中表示时间的连词（短语）或介词（短语）：

1. 你们成年后考驾驶执照。(quand)
2. 自从他们在马赛安置下来以后，从未给我们来过信。(depuis que)
3. 您一有您儿子的消息，就给我打个电话。(dès que)
4. 你们一计算完毕，便可交上试卷。(une fois que)
5. 在蚂蚁收集食物的时候，蝉却在欢唱。(pendant que)
6. 正当我走进寓所时电话铃响了。(comme)
7. 父母下班回家前你们要锁上房门。(en attendant que)
8. 去度周末前要给植物浇上水。(avant de)
9. 你应该在商品降价销售尚未结束前买些便宜货。(avant que)
10. 随着我们向前行驶，雾也大了起来。(à mesure que)
11. 我们打网球将打到天黑。(jusqu'à ce que)
12. 只要天气晴朗我们就待在海滨浴场！(tant que)
13. 我们在结束这项工作以后去喝一杯开胃酒。(après que)
14. 挂钟刚敲完5下我母亲就起床了。(aussitôt que)
15. 对自己过分宽容就无权对他人严厉。(lorsque)
16. 她一看完短信便高兴地叫了一声。(à peine … que)
17. 一开始他就反对我们的计划。(dès)
18. 我们到达时他正在吃午饭。(tandis que)
19. 他们是在希腊旅游时相互认识的。(lors de)
20. 我们给管道工打个电话他就会来的。(sitôt que)

单元 16 目的的表达

44 找出下列各句中表示目的的连词（短语）或介词（短语）等成分：

1. 这名运动员为赢得赛跑而作出了努力。(pour)
2. 他把孩子们带到山上，让他们学习滑雪。(pour que)
3. 为享受5%的折扣，结算将通过银行转账进行。(afin de)
4. 为了不让别人知晓他们说的事，他们关上了门。(afin que)
5. 我为下一次的行政会议准备好了这项计划。(en vue de)
6. 这是商品的详细介绍，以便你们估算下次的订货。(de sorte que)
7. 他靠近话筒，以便让大家听得更加清楚。(de façon que)
8. 请听从导游的建议，以免出游遇上困难。(de façon à)
9. 他怕打扰您便没有进来。(de peur de)
10. 怕淋雨的话我们就带把雨伞吧！(de peur que)
11. 我们生怕迟到便坐了出租车。(de crainte de)
12. 她怕他们担忧，便给他们打了电话告知自己将会晚到。(de crainte que)
13. 你们要尽量按时到达。(faire en sorte de)
14. 你要在他到达时把他的房间准备好。(faire en sorte que)
15. 他走了，目的是想清静一段时间。(dans le but de)

单元 17 原因的表达

45 找出下列各句中表示原因的连词（短语）或介词（短语）等成分：

1. 电梯因电路故障而停运了。(à cause de)
2. 多亏您的建议，我避免了一次重大事故。(grâce à)
3. 鉴于雾天，我们建议您缓慢行驶。(en raison de)
4. 由于十分疲劳，且未赶上末班地铁，他只好搭乘出租车。(comme)
5. 她不坐地铁，因为她已怀孕。(parce que)
6. 既然你不在听我说话，那我就不讲了！(puisque)
7. 这个练习太难，所以我没做。(c'est pourquoi)
8. 她之所以离职，是因为她找不到人替她照看孩子。(si … c'est parce que)
9. 我不选这条线路，不是因为不好玩，而是因为太累人。(non que …, mais que)
10. 鉴于财务状况，预定的开支取消了。(étant donné)
11. 既然他承认对这件事负有责任，您就不要投诉了。(étant donné que)
12. 由于情况变化，会议推迟到下周举行。(vu)
13. 由于大家想法一致，会议比预期的时间结束得早。(vu que)
14. 既然你们相互认识，我就不作介绍了。(du moment que)
15. 今天下午我们去海滨浴场，因为天放晴了，天气好了。(en effet)
16. 由于没有料到能获得此奖，他感到特别高兴。(d'autant plus que)
17. 玛丽借口疲劳不来了。(sous prétexte que)
18. 这个年轻人因在一家奢侈品商店行窃而被抓。(pour)
19. 皮埃尔因过多食用海鲜而生病了。(pour)
20. 由于缺少资金，我们不能进行必要的维修。(faute de)
21. 由于经常不来上班，他有可能被解雇。(à force de)
22. 这么糟糕的天气我们不能外出。(par)
23. 得知法国队获胜，他高兴得跳了起来。(participe présent)
24. 由于膝盖受伤，玛德莱娜不能去上班了。(participe passé composé)
25. 由于孩子太小，我们不带他去看电影了。(proposition participe absolue)

单元 18 结果的表达

46 找出下列各句中表示结果的副词（短语）或连词（短语）等成分：

1. 房租太贵了，因此他们在另找一套公寓。(donc)
2. 马蒂斯画展开放了，于是我们便参观了这一画展。(alors)
3. 我们将要毕业了，因此有更多的机会找到一份工作。(ainsi)
4. 孩子们现在放假，因此我们可以每晚出去走走。(aussi)
5. 尼古拉去英国了，所以您见不到他。(c'est pourquoi)
6. 她很忙，所以没有时间去游泳池游泳。(par conséquent)
7. 他家就住在几公里处的地方，因此他们经常见面。(de sorte que)
8. 他工作太忙，无暇顾及自家花园。(trop … pour)
9. 这套高保真组合音响价格太贵，我们买不起。(trop … pour que)
10. 朱利安那么唠叨，我真难以忍受。(si … que)

11. 迪朗先生讲话如此之快，以致我难以听明白。(si … que)
12. 我母亲如此操心，以致难以入睡。(tant de … que)
13. 我们走了那么多路，脚上都起泡了。(tant … que)
14. 他那么懒惰，连自己房间都从不整理。(tellement … que)
15. 我们渴极了，喝完了整整一瓶水。(tellement … que)
16. 雾那么大，我都看不清路了。(tellement de … que)
17. 他吃惊得连话都讲不出来。(tel que)
18. 气温高得有进入盛夏的感觉。(tel … que)
19. 这还没严重到惊慌失措的地步。(au point de)
20. 下了那么大的雪，车辆都无法行驶。(au point que)

单元 19 条件、假设的表达

47 找出下列各句中表示条件、假设的连词（短语）或介词（短语）等成分：

1. 要是这次我有可能旅游，我就去蓝色海岸。(si)
2. 即使我们承诺给他报酬，他也不会答应帮助我们。(même si)
3. 她惶惑不安，好像有什么严重的事情缠着她似的。(comme si)
4. 万一碰到困难，就给我打个电话。(en cas de)
5. 如果我们今晚有空，我就给您打个电话。(au cas où)
6. 您只要向收银处出示这张票证，就可以享受折扣。(à condition de)
7. 只要你不损坏这些玩具，就可以借去玩。(à condition que)
8. 假设这是一笔好生意，我不明白为什么他这么迟才对我们说。(supposé que)
9. 只要妻子高兴，他什么都做。(pourvu que)
10. 你们是买不到《浮士德》的票的，除非提前三周预订。(à moins de)
11. 这家药房夜间不营业，除非有突发事件。(à moins que)
12. 保尔要是没有其他事情，就陪朋友去看车展。(sauf si)
13. 在玛丽安娜看来，天堂是一个种植着树木、位于山顶上的花园。(selon)
14. 我决不决定去那里，取决于你是否陪我去。(selon que)
15. 如果孩子们感到疲劳，可以先去睡觉。(dans l'hypothèse où)
16. 只要她母亲允许，艾莉丝便会开车去。(pour peu que)
17. 没有您的帮助，我永远也不会写履历。(sans)
18. 如果剧场气氛再热烈些，演员们就会演得更加出色。(avec)
19. 如果您打开车前灯，路面会看得更清楚。(le gérondif)
20. 你朝左拐，或者笔直走，都将到达火车站。(soit … soit)

单元 20 让步、对立的表达

48 找出下列各句中表达让步、对立的副词（短语）、连词（短语）或介词（短语）等成分：

1. 道路封闭，但有改道过去的可能。(mais)
2. 他没有来，然而这却是一次重要的约会。(pourtant)
3. 皮埃尔是个很丑的男孩，然而他却有一种魅力。(cependant)
4. 我不喜欢看这类影片，但我还是会陪你去看的。(quand même)

5. 我的丈夫非常喜欢体育运动，而我却相反，懒得很呢。(au contraire)
6. 与我想的相反，他由妻子陪着来了。(contrairement à)
7. 保尔个子矮小，但他却跑得很快。(en revanche)
8. 尽管我们进行了劝告，他还是做了自己想做的事情。(malgré)
9. 尽管有各种困难，但她脸上始终带着微笑。(en dépit de)
10. 你预习功课，不要看电视！(au lieu de)
11. 他离开大厅表示抗议，而其他人却报以掌声。(tandis que)
12. 你要他借钱给你，而他却身无分文。(alors que)
13. 虽然他不同意，我还是要买这辆汽车。(bien que)
14. 虽然阳光明媚，我仍喜欢大家在里面喝咖啡。(quoique)
15. 随便再邀请谁，只要不是十三个人就餐就行。(qui que ce soit)
16. 您无论从哪儿走，都会感到路线很长！(où que)
17. 不管租金多少，索菲都将租下这套公寓。(quel que)
18. 不管您有什么烦恼，都要自我控制。(quelque … que)
19. 不管您多么小心谨慎，我都不建议您在这种天气开车。(quelque … que)
20. 尽管他刻苦锻炼，我认为他仍难以在比赛中获胜。(tout … que)